UNNÜTZES
WISSEN
BERGISCHES LAND

Olaf Link und Hans-Georg Wenke

UNNÜTZES WISSEN

BERGISCHES LAND

Skurrile Fakten zum Angeben

SUTTON

Postraub

In der Nacht vom 28. auf den 29. Oktober 1799 wurde bei Richrath die zwischen Köln und Elberfeld fahrende Post von einer etwa 40 Mann starken Bande um 13.471 Reichstaler beraubt.

Quer durchs Bergische

Der Gedanke, „quer durchs Bergische" zu fahren, ist touristisch äußerst reizvoll. Für Eilige empfehlen die Navigationssysteme das Bergische zu umrunden bzw. zu umfahren – bloß nicht „mitten durch". Von Velbert bis Wiehl, den nordwest- und südöstlichen Eckpunkten des Bergischen, werden entweder die Autobahnkombinationen A3 und A4 oder A46, A45 und A4 empfohlen. Das sind einmal rund 100, einmal ca. 150 Kilometer, die Fahrzeit beträgt zwischen eineinviertel und eindreiviertel Stunden. Mit dem Zug fährt man am besten über Köln, die Fahrt dauert dann rund drei Stunden. Radfahrer haben auf direkter Strecke 800 Steigungs- und Gefälle-Meter vor sich und fünf bis sechs Stunden Fahrzeit. Und zu Fuß? Rund 16 Stunden sagt der Navigator, wobei man auf den Wanderwegen 1.200 Meter mal auf und dann wieder auf- und absteigen muss.

Ehrenbürger

Der in Köln geborene Komponist Max Bruch (1838–1920) ist Ehrenbürger von Bergisch Gladbach. Auf dem dortigen Igeler Hof schrieb er eine große Zahl seiner Werke.

Wupper und Wipper

Der Ursprung der Flussnamen Wupper und Wipper ist Deutung, weniger fester Beleg: Er soll sich vom Wippen des munteren Mittelgebirgsbächleins ableiten. Vielleicht ist der Name Wipper bzw. Wupper auch deshalb nicht einzigartig. In Thüringen findet sich ein gleichnamiges Gewässer (Wipper) als Nebenfluss der Unstrut, in Sachsen-Anhalt gibt es ebenfalls eine Wipper als Nebenfluss der Saale sowie die „Verbandsgemeinde Saale-Wipper".

Verballhornung

Johann Ballhorn war ein Buchdrucker (um 1550), der eigenmächtig eingereichte Manuskripte nach Gutdünken verbessert und damit Fehler „verschlimmbessert" haben soll. Das Entstellen von Wörtern, Namen oder Wendungen nennt man daher heute noch Verballhornung. Auch mit bergischen Namen klappt das ganz gut: Aus Hückeswagen wird dann die Aufforderung des reisenden Händlers „Hüh!, Käs-Wagen" und aus Gummersbach der Grummersbach (grummelnd, grummelig – gemeint ist die typische in sich gekehrte oberbergische Mentalität der ortsstämmigen Bewohner). Keine Verbiegung sind jedoch solche Wandlungen wie die des Namens Grevenrode zu Gräfrath, also die (Wald-)Rodung der Grafen (zu Berg, natürlich).

Quellensuche

Gibt es die Wupper? O ja, natürlich, welch eine Frage. Offen jedoch bleibt die Frage, wo sie denn beginnt. Zwar wird bei Börlinghausen eine sozusagen inoffiziell offizielle, in Stein gefasste Wupperquelle zelebriert, es sind jedoch mehr als drei Dutzend andere Rinnsale, ähnliche Zuflüsse und Ursprünge, die man ebenfalls mit diesem Attribut hätte belegen können. Ein Fluss ohne definierten Anfang also, aber immerhin fließt die Wupper definitiv bei Leverkusen-Rheindorf unwiderruflich in den Rhein.

Ungefiltert

Die „Dröppelminna" ist eine Kranenkanne aus Zinn. Ihren Namen verdankt sie der Tatsache, dass sich
der Kaffeemott, andernorts auch
als Kaffeesatz bekannt, unten in
der Kanne absetzte. Wenn der
Kaffee in der Kanne langsam
zur Neige ging, musste man
diese leicht kippen, und
dabei geriet nicht selten
Mott in den Hahn und
verstopfte ihn so, dass
der Kaffee nur noch in
die Tasse „dröppelte".

Bergische Brauereien

Im Jahr 1834 gab es im Bergischen Land 183 Brauereien, die
sich in den damals bestehenden Kreisen Düsseldorf, Elber-
feld-Barmen, Solingen, Lennep, Gummersbach, Siegburg und
Waldbröl zentrierten. Die meisten dieser Brauereien waren
unmittelbar mit Schankwirtschaften, manche auch mit landwirt-
schaftlichen Betrieben verbunden.

Beinamen

Einst waren charakterisierende Attribute Bestandteile von Namen, Personen oder Orten, z. B. Lutherstadt Wittenberg, Karl der Große, Kunibert der Jüngere. Heute schmücken sich Städte wieder gerne damit oder die Eigenschaften sind sogar fester Namensbestandteil. Auch Nordrhein-Westfalen erlaubt diese Zusätze wieder, die von alters her oft Bestandteil der Identifikation und Selbstdarstellung sind:

- Klingenstadt Solingen
- Schloßstadt Velbert (gemeint ist kein Bauwerk, sondern die Schlösser-Industrie)
- Schloss-Stadt Hückeswagen (nun ist aber das kleine, schmucke Schloss gemeint)
- Remscheid, die Seestadt auf dem Berge (wegen ihrer Export-Bedeutung)
- Grafenstädtchen Burg a.d.W. (als es selbstständig und noch nicht Stadtteil von Solingen war)
- Kürten, die Stockhausen-Gemeinde
- Radevormwald – Stadt auf der Höhe

Spitzenreiter

In einer „Statistischen Darstellung des Kreises Solingen" merkte Georg von Hauer, Landrat zu Opladen, im Jahr 1832 an: „Unter allen Nahrungsmitteln haben die Kartoffeln die meiste und fast unglaubliche Verbreitung gewonnen."

Wirtschaftsflüchtling

Die erste Druckerei an der Wupper verdankt das Bergische Land der inquisitorischen Herrschaft der mittelalterlichen Kirche. In Köln wurde es dem Verleger und Buchdrucker Johann Soter zu gefährlich, sein Wirken im Schatten der (damals noch lange nicht errichteten, geschweige denn vollendeten) Domtürme auszuüben. Zu konträr war der Inhalt seiner Bücher, als dass es sich der Klerus gefallen lassen hätte. So flüchtete er an die seinerzeit urwaldähnlichen Ufer und Auen der Wupper und ließ sich an einem Ort nieder, der auf der Grenze des heutigen Solingens zu Remscheid liegt, genannt Papiermühle. Denn wie früher üblich, war das ganze grafische Gewerk an einer Stelle vereint: Hier wurde Papier geschöpft, Lettern wurden gegossen, Bücher gesetzt, gedruckt, gebunden und in mannigfacher Form verkauft. 1437 hielt so die Schwarze Kunst Einzug ins wilde, ungestüme und aufsässige Bergische Land.

Barrierefreie Dhünn

Der größte Nebenfluss der Wupper ist die Dhünn – immerhin 40 Kilometer lang und zwischendurch zu einer mächtigen Talsperre gestaut. Im April 2010 wurde die Dhünn Nordrhein-Westfalens erster „barrierefreier Fluss". Gemeint ist damit, dass von der Mündung bei Rheindorf (Leverkusen) in den Rhein bis zur Staumauer der Talsperre (die größte Trinkwassertalsperre Westdeutschlands) kein Querbauwerk die Wanderung der Fische stört, mit dem Erfolg, dass sich einst vertriebene Fischarten erfreulich zügig und in einer bemerkenswerten Vielfalt wieder hier ansiedeln (ja, auch Lachse).

Schlacht bei Worringen

Die Freiheit des Bergischen Landes entschied sich streng genommen etwas außerhalb der als allgemein angesehenen Grenzen des Bergischen Landes, nämlich 1288 südlich des linksrheinischen und damit „außerbergischen" Ortes Worringen, heute Stadtteil von Köln. Hier fand eine Schlacht statt, deren Bedeutung unter anderem darin bestand, dass Düsseldorf Stadtrechte erhielt. Damit war der Weg frei, sich später als Hauptstadt (Sitz der Grafen, nachmalige Herzöge) von Berg zu etablieren. Insofern ist dies der Grund, dass das eigentlich geografisch stärker zum nachmaligen Westfalen tendierende Bergische Land eher „rheinisch" wurde. Noch heute ist dieser Mentalitätsgraben im Bergischen Land deutlich spürbar.

Fußballstar

Johannes Löhr aus Eitorf, der im dortigen Sportverein 09 seine Karriere als Fußballspieler begann, war 1968 Torschützenkönig der Bundesliga und bestritt fast zwei Dutzend Spiele in der Nationalmannschaft.

Regen

LUV-Effekt, so nennen Meteorologen, was für das Bergische Land charakteristisch ist. Die wolken- und damit regenreichen Tiefdruckgebiete ziehen vom Eismeer (Island, Grönland) meist über England und die Benelux-Länder gen Westen und treffen direkt östlich des Rheines auf der geografischen Höhe zwischen Velbert/Wuppertal im nördlichen und etwa Siegburg im südlichen Teil auf das Bergische Land. Die Wolken steigen – und regnen aus. Während ganz Nordrhein-Westfalen im Durchschnitt um 900 Millimeter Niederschlag per anno misst, sind es im Bergischen bis zu 1.700 Millimeter; gleichermaßen gilt dies auch für die Eifel, das Sieger- und Sauerland (sozusagen die „Randgebirge" des Bergischen Landes). Kein Wunder, dass das Bergische somit Deutschlands Kerngebiet der Talsperren wurde. Abgeleitet wird das Wasser in Tausenden Bächen und gesammelt in weit über 100 Talsperren, größeren Weihern und Teichen. Doch als Flüsse (also Wasserläufe mit gewissem Volumen und Länge) gelten nur Wupper (116 km) und Agger (70 km); hinzu kommen geografisch am Rande des Bergischen noch Sieg (123 km) und Ruhr (93 km).

Medizinalordnung

In der für das Bergische Land am 8. Juni 1773 von Kurfürst Carl Theodor erlassenen Medizinalordnung wurde die Höhe von Gebühren festgelegt, nach der sich die Ärzte zu richten hatten. Für die Feststellung des Todes eines Menschen innerhalb des Wohnortes erhielt ein Arzt 1 Reichstaler, für das Öffnen des Leichnams 1 Reichstaler und 30 Stüber. Bei ärztlichen Leistungen außerhalb des Wohnortes kamen 3 Reichstaler hinzu.

Talsperre

Die erste Trinkwasser-Talsperre Deutschlands wurde in Remscheid im Eschbachtal errichtet. Sie ist noch heute in Betrieb. Die Kronenlänge beträgt 160 Meter, die Kronenbreite 5 Meter und die Höhe des Bauwerks 25 Meter. Der Aachener Baumeister und Konstrukteur Otto Intze erdachte das Prinzip der konischen, gemauerten Staumauer, wie wir sie noch heute kennen.

Für den Bergischen Dom

Die in Hückeswagen geborene Maria Zanders gründete 1894 den Altenberger Domverein, dem die Instandsetzung des „Bergischen Doms" zu danken ist.

Drosseln

Bis etwa 1880 galten Wacholderdrosseln, auch „Krammetvögel" genannt, im Bergischen Land als Leckerbissen. Im Herbst wurden die Drosseln von Vogelfängern gefangen, die sie in mit Wacholderbeeren gefüllte Fallen lockten.

Ran an den Speck

An Pfingsten verspeiste man im Oberbergischen früher gerne Peißkoochen zum Frühstück, einen aus Weizenmehl, Eiern, Butter, Milch, Rosinen und Speck zubereiteten Pfannekuchen.

Bergisches Land = Großstadtzentrum

Die bevölkerungsreichste Stadt des Bergischen Landes ist Wuppertal mit rund 350.000 Einwohnern. Remscheid steuert zum Bergischen Städtedreieck 110.000 und Solingen 160.000 Bürger bei. Die südlichste Großstadt des Bergischen ist Bergisch Gladbach mit rund 110.000 Bewohnern. Doch rings um das Bergische Land reihen sich dicht besiedelte Kommunen, sodass in unmittelbarer Nähe zum Bergischen durchaus von einer Mega-Metropole gesprochen werden kann. Mit allen positiven (und manchmal negativen) Folgen: von einer beeindruckenden Zahl an Opern- und Schauspielhäusern, Museen „wie Sand am Meer" und Versorgungszentren aller Art bis zum täglichen Verkehrskollaps mit nicht selten 200, 300 Kilometern Stau auf den Autobahnen und Hauptschleichwegen.
Bergisch-Land-nahe Großstädte: Köln (über 1 Mio.), Düsseldorf (620.000), Essen (590.000), Duisburg (500.000), Bochum (360.000), Bonn (320.000), Hagen (190.000), Siegen (100.000).

Bergische Kräher

Zwar sagt man den Bergischen Menschen nach, aufsässig und nörglerisch zu sein, Streit zuweilen zu zelebrieren und dauernd zu meckern, aber der Name „Bergische Kräher" ist allein einer Hühnerrasse zuzuordnen. Dem Vernehmen nach soll diese Rasse vom Balkan stammen und verwandtschaftliche Beziehungen zu den Bosnischen und Kosovo-Krähern haben, rein unpolitisch gesehen natürlich. Auch steht geschrieben, spanische Mönche hätten die Bergischen Kräher aus Spanien importiert. Na dann: olé! Genau wie der Bergische Urmensch werden auch die Bergischen Kräher auf der Liste der gefährdeten Arten geführt.

Öffentliche Verhandlung

Das unter französischer Herrschaft im Jahr 1811 aufgelöste Gericht zu Odenthal bestand aus sieben Schöffen, die in der Regel im wahrsten Sinne des Wortes öffentlich, nämlich unter freiem Himmel, vor der Burg Strauweiler, tagten.

Ein Schutzheiliger

Bezüglich Gezelinus von Schlebusch, der während des 12. Jahrhunderts dort, wo heute die Stadt Leverkusen liegt, wirkte, ist überliefert, dass er Kopf- und Augenkrankheiten sowie Epilepsie zu heilen wusste.

Mitte

Wo ist eigentlich die Mitte des Bergischen Landes? Betrachtet man Landkarten, kann man den Mittelpunkt nach verschiedenen Methoden festlegen; eine feste Norm oder Regel gibt es nicht. Deshalb rufen als Mitte eines Gebiets genannte Orte meist Erstaunen hervor, hier hätte man das Zentrum niemals erwartet. Für ganz Deutschland in den heutigen Grenzen wird meist ein Gedenkstein zwischen Ober- und Niederdorla in Thüringen (Region Unstrut-Hainich) angegeben. Für das Bergische Land legen wir dann einmal fest: Hier soll es sein, nämlich östlich des nordöstlichen Armes der Aggertalsperre bei der Ortschaft Lieberhausen. Netter Name, passt! (abgeleitet aus der offiziellen Landkarte der Interessenvertretung „Das Bergische Städtedreieck").

Gegen Zahnschmerzen

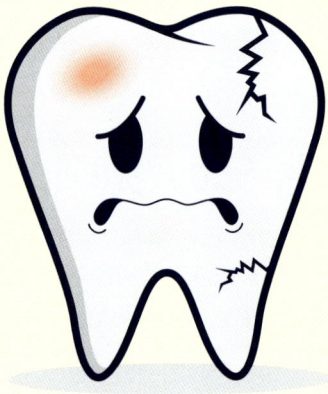

In einer Solinger Zeitung wurde in der Ausgabe vom 8. November 1828 gegen Zahnschmerzen das Folgende empfohlen: „Einige Finger voll Salz, in ein linnenes Tüchlein gethan, in kaltes Wasser getaucht, an die Nase gehalten und kräftig von ihr aufgesaugt, hilft schier auf der Stelle."

Sendegebiet

Das Bergische Land wird von einem WDR-Landesstudio betreut, nämlich dem Studio Wuppertal/Bergisches Land. Die Peripherie im Süden orientiert sich an und informiert sich eher im Studio Siegen, westlich sind es das Studio Köln und Studio Düsseldorf, nördlich das Studio Essen. Die Lokalzeit „Bergisch Land" im 3. Programm ist das TV-Fenster für das Kerngebiet des Bergischen und hat hohe Einschaltquoten.

Wer die Wahl hat

Die Reichstagswahl des Jahres 1887 fiel auf Rosenmontag, den 21. Februar. Wer es in den bergischen Städten und Gemeinden wagte, maskiert ein Wahllokal zu betreten, riskierte nicht nur eine Geld-, sondern auch eine Haftstrafe.

Bundespräsidentenland

Mit drei bisherigen Bundespräsidenten ist das Bergische Land und seine Peripherie bundespolitisch eine echte Hausnummer. Walter Scheel war Solinger, Johannes Rau Wuppertaler und Gustav Heinemann Schwelmer; er ist übrigens auch der Schwiegervater von Johannes Rau. Immerhin stammt der häufig (falsch) zitierte Heinrich Lübke aus dem angrenzenden Sauerland.

Tuffi

Diesen Namen kennt ganz Wuppertal. Der damals vierjährige Baby-Elefant des Zirkus Althof wurde 1950 zu Werbezwecken in eine Schwebebahn verfrachtet. Das Schaukeln ängstigte ihn so sehr, dass er die Tür zertrümmerte und aus der fahrenden Bahn in die Wupper sprang. Den Vier-Meter-Sturz überstand er unverletzt.

Vater und Sohn

Friedrich Engels, Vater des gleichnamigen Sohnes, der gemeinsam mit Karl Marx das Kommunistische Manifest verfasste, begann seine Karriere als Textilfabrikant in Engelskirchen, wo er mit den aus Manchester stammenden Brüdern Ermen die Baumwollspinnerei Ermen & Engels gründete.

Sambatrasse

Dem beliebten schwingenden Tanz verdankt die ehemalige einspurige, sehr kurvenreiche Bahnstrecke zwischen Wuppertal-Zoo und -Cronenberg ihren Spitznamen. Heute ist sie ein gut ausgebauter Fahrrad- und Wanderweg durch das Waldgebiet Burgholz. Züge fuhren hier von 1891 bis 1988, zehn Kilometer ist der Kurvenparcours lang.

Zwölf Nächte

Im 19. Jahrhundert war es während der sogenannten Zwölf Nächte im gesamten Oberbergischen Land üblich, auf bestimmte Tätigkeiten zu verzichten. Hierzu zählte das Dreschen, Spinnen, Stricken und Waschen. Wer solche Arbeiten dennoch verrichtete, müsse, so hieß es, mit großem Unglück rechnen.

Männer wie wir – Wicküler Bier

In Elberfeld wurde 1845 die Wicküler Brauerei gegründet, die sich 1896 mit der Küpper Brauerei vereinigte und eine der ersten Großbrauereien im Bergischen Land war.

Werdener Abtei

An der nördlichen Grenze des Bergischen an der Ruhr (heute zur Stadt Essen gehörend) gelegen, befand sich seit etwa 800 ein Kloster. Eigentlich geografisch dem Bergischen Land zugehörig, ist das Kloster auch Zeichen einer historisch belegbaren scharfen Grenzziehung, denn seine Besitztümer und damit Einflüsse orientierten sich nach Norden, „westfälisch" sozusagen.

Gut gegossen

Die wohl erste im Bergischen Land gefertigte Kranenkanne stammte von dem Zinngießer Johann Arnold Lucas (1729–1808). Dieser lebte in Elberfeld, das gemeinsam mit Barmen zu den blühendsten deutschen Wirtschaftszentren zählte. Da die Nachfrage der dortigen Besitzbürger nach der „Dröppelminna" stetig zunahm, produzierten in Elberfeld bald auch die Zinngießer Arrenberg und Barkhaus und in Barmen Gösser die zinnerne, dreibeinige Kanne.

Barmer Zeltmission

Das Bergische war – und ist – christreligiöses Missionsland. Noch heute sind Menschen, die sich für den Glauben einsetzen, unter der Bezeichnung „Barmer Zeltmission" deutschlandweit unterwegs und bezeichnen Deutschland als ein Missionsland.

Fußball(-Liga)

Dieses Stichwort erwähnt man besser nicht. Allein der Wuppertaler SV hat es mal für eine kurze Zeit in die Bundesliga geschafft (1972) und nahm sogar am UEFA-Cup teil. Der Stürmer Günter Pröpper ist ein bekannter Name aus dieser Zeit. Ob sich der Dauerbrenner, die ursprüngliche Firmenmannschaft Bayer Leverkusen, als „Bergisch" fühlt, bleibt wohl unbeantwortet. Im Bergischen hat der Club Anhänger, doch sind die Sympathien, die auch von Köln über Mönchengladbach bis nach Dortmund und Schalke reichen, wohl sehr gemischt verteilt.

Kinderfreundlich

Der Anschnitt eines frischen Brotes stand in den meisten Land-
strichen des Bergischen Landes dem Haushaltsvorstand, also
dem Vater, zu. In Richrath allerdings war es üblich, dass er
die erste Scheibe nicht selbst verzehrte, sondern einem seiner
Kinder schenkte.

Rummelpott

So hieß das zu Fastnacht beliebte Lärminstrument. Es handelte
sich dabei um einen mit einer Schweinsblase überzogenen
Topf mit einem Loch in der Mitte, durch das ein Rohr auf- und
abgezogen wurde, sodass ein tiefer, brummender Ton entstand.

Teures Brot

Eine Missernte im Jahr 1846 führte im gesamten Bergischen Land zu einer Erhöhung der Brotpreise. So stieg der Preis für Roggenbrot von Ende 1845 bis Anfang 1847 um das Doppelte. Ein Arbeiter musste bis zu 12 Stunden arbeiten, um ein solches Brot kaufen zu können.

Bundesliga

Bergische Sportvereine sind sehr wohl in Bundesligen vertreten. Sport kann auch im Kopf stattfinden: Die Schachgesellschaft Solingen e.V. spielt in der Schach-Bundesliga, ist mehrfacher Deutscher Meister, Pokalsieger sowie Europapokalsieger.

Rauchen verboten

Eine Reihe von Polizeiverordnungen aus den Jahren 1807 und 1808 sind äußerst merkwürdig und kulturell von großem Interesse: Wer in der Öffentlichkeit rauchte, dessen Pfeife wurde sofort ohne jede Gnade konfisziert, denn Rauchen auf der Straße galt als Kapitalverbrechen.

Alles neu

Der Rhein-Wupper-Kreis wurde im Zuge der Gebietsreform zum 1. Januar 1975 aufgelöst.

Warzen

Vom 17. bis hinein ins 19. Jahrhundert glaubten im Bergischen Land lebende Menschen, deren Körper Warzen aufwiesen, diese mit der Hand eines Toten in Berührung bringen zu müssen, um Heilung zu erfahren. Im selben Maße nämlich, wie der Leichnam verwese, verschwänden, so die auf Aberglauben basierende Hoffnung, auch die Warzen.

Standhaft

Als Steherrennen bezeichnet man ein Radrennen auf einer Radrennbahn, bei dem die Radfahrer im Schatten von Motorrädern fahren. Auf diesen typischerweise stark knatternden Maschinen stehen die Fahrer, und das bei Geschwindigkeiten bis zu 100 Stundenkilometern über längere Zeit. Die dicht im Windschatten hinterherradelnden Fahrradfahrer beugen sich nach vorne, um wenig Luftwiderstand zu bieten. Steherrennen (von „to stay", engl. für bleiben) haben auf einer im Bergischen einmaligen Radrennbahn am Dorperhof in Solingen Tradition und werden heutzutage wieder gepflegt.

Schmuggelei

Der Fuhrmann Heinrich Baum aus Remscheid wurde am 21. Januar 1804 für schuldig befunden, verschiedene Waren aus dem Rechtsrheinischen nach Köln geschmuggelt zu haben.

Bergische Diva

Die Sopranistin Anja Harteros, die unter dem Dirigat von Daniel Barenboim, Sir Eliot Gardener oder Kent Nagano an den bekanntesten Opernhäusern der Welt gastierte, erblickte 1972 in Bergneustadt das Licht der Welt.

Weltmeister

Bei diesem Begriff denkt man an Sport – schließt man Denksport ein, stimmt es. Benjamin Frost aus Wuppertal wurde 2019 im Rahmen der World Skills in Kazan (Russland) Programmier-Weltmeister (Software-Entwicklung). Ansonsten ist die Liste an Bergischen Weltmeistern, bezogen auf alle Disziplinen, beachtlich lang, zu lang, um sie hier alle aufzuzählen.

Alkoholsteuer

Auf dem Bergischen Landtag von 1610 wurde eine Steuer auf das Bier- und Weinzapfen vereinbart, zunächst befristet auf sechs Jahre, die ab dem 10. Juni 1611 zu entrichten war. Diese Alkoholsteuer blieb jedoch weit über die Dauer von sechs Jahren hinaus bestehen. Noch der des Öfteren in Geldverlegenheiten steckende Kurfürst Karl Theodor betrachtete das Bier als geeignetes Objekt, seine Kasse zu füllen.

Schnauzer

Mit Heiner Brand vom Handball-Giganten VfL Gummersbach hatte der deutsche Hallenhandball über lange Zeit das buchstäblich markanteste Gesicht. Sein Schnauzer-Schnurrbart wurde Kult und Markenzeichen.

Olympiasieger

Fabian Hambüchen (Kunstturnen), Herbert Schade (5.000-Meter-Lauf), Klaus Lehnartz (Stabhochsprung), Herbert Runge (Boxen) oder Thomas Becker (Kanu) sind nur einige Beispiele für Olympiamedaillengewinner aus dem Bergischen Land.

Pfingstmorgen

Im gesamten Bergischen Land war es bis zum Ende des 19. Jahrhunderts zu Pfingsten üblich, am Morgen nicht allzu lange in den Betten zu verweilen. Wer nicht frühzeitig auf den Beinen war, musste damit rechnen, als „Pengstlömmel" verspottet zu werden.

Schärfste Klinge

Seit 1978 verleiht der Rat der Stadt Solingen einen „Schärfste Klinge" genannten Ehrenpreis an Personen, die sich mit ihrer Rhetorik für Menschlichkeit einsetzen. Letzter Preisträger war 2019 Cem Özdemir, der in würdiger Nachfolge von Herta Müller, Joachim Gauck, Jean-Claude Juncker, Richard von Weizsäcker, Leopold Senghor, Gaston Thorn und anderen steht.

Alle Gewalt geht vom Volke aus

In Overath wandten sich die Menschen am 18. April 1848 mit einer Petition unmittelbar an die Königliche Regierung und forderten die Absetzung ihres Bürgermeisters Johann Burrus. In ihrer Eingabe hieß es kurz und bündig: „Der Bürgermeister hat das Vertrauen der Gemeinde nie besessen und besitzt es noch nicht." Ein Jahr später wanderte der unbeliebte Bürgermeister nach Amerika aus.

Stadtrechte

Das im Rheinisch-Bergischen Kreis gelegene Burscheid bekam im August 1856 durch den Preußenkönig Friedrich Wilhelm IV. die Stadtrechte verliehen.

Kein schöner Land

Waldbröl ist der Geburtsort von Anton Wilhelm von Zuccalmaglio. Ihm verdanken wir das romantische, seelenberührende Abendlied „Kein schöner Land in dieser Zeit" – auch eine Liebeserklärung an die Region.

Bergische Tour de France

Das Straßenrennen heißt zwar „Rund um Köln", die Strecke führt jedoch direkt durch das Bergische Land; Bensberg und Altenberg sind Eckpunkte. Andere Routen mit längerer Distanz der gleichen Rennorganisation führen über Linde und Hartegasse bis Niederaul und über Olpe zurück.

Ökumene

Der „Bergische Dom", die Klosterkirche in Altenberg – von den Zisterziensern 1133 errichtet, St. Mariä Himmelfahrt geweiht – ist zum Symbol für Ökumene geworden. Seit 1857 wird das Gebäude gleichzeitig von der römisch-katholischen wie auch der evangelischen Gemeinde als Pfarrkirche genutzt.

Weihnachtswunsch

Alljährlich schreiben in der Adventzeit beinahe 200.000 Kinder aus aller Welt Karten und Briefe an folgende Adresse: An das Christkind in 51777 Engelskirchen. Sie teilen mit, was sie sich zu Heiligabend wünschen. Manches Kind möchte, dass auch Verwandte ein Geschenk erhalten. So bat ein Mädchen darum, dem Vater einen Kasten Bier unter den Weihnachtsbaum zu stellen.

229 – die Bergische Bundesstraße

Diese Bundesstraße verläuft quer durchs Bergische, in Langenfeld (Rheinland) beginnend, über Solingen, Remscheid, Radevormwald sowie Halver und verlässt das Bergische Richtung Lüdenscheid sowie Soest ins Westfälische.

Seifensiederei

Zwischen Bergisch Born und Hückeswagen gab es eine Seifenfabrik, die Seife vor allem durch das Verkochen von Tierknochen gewann. Fuhr man an der Fabrik entlang, entging man des entsetzlichen Gestankes wegen oft nur haarscharf einer Ohnmacht.

Siechenbande

Eine der gefürchtetsten kriminellen Vereinigungen, die zu Anfang des 18. Jahrhunderts die bergische Bevölkerung in Angst und Schrecken versetzte, war die sogenannte Große Siechenbande. Der Name der Bande ging auf die Tatsache zurück, dass ihre Mitglieder Siechenhäusern, die meisten denen in Düsseldorf und Ratingen, entstammten.

Luftsportflugplatz Hückeswagen

Dicht an der schmalen Wupper in einem engen Talkessel gelegen, starten und landen Sport- und Segelflugzeuge. Nebenan gab es ein Möbelhaus, dessen Eigentümer vor Jahrzehnten aus denkbaren Gründen dem Fiskus entgehen musste, so wird erzählt. Er landete in der eigenen Maschine – aus dem Ausland kommend – auf dem Flugplatz, stieg nicht aus und erledigte seine Geschäftsangelegenheiten vom geöffneten Cockpit aus – also auf neutralem Boden, ohne Zugriff der Staatsmacht.

Herrschaftliche Badestube

Die Grafen von Nesselrode betrieben seit etwa 1730 über viele Jahrzehnte eine Badestube „aufm Graben", unterhalb des alten Schlosses.

Tief unten und hoch oben

Der tiefste Punkt des Bergischen Landes ist das Mittelwasserniveau des Rheines bei Düsseldorf-Lohausen. Es liegt bei rund 24 Meter. Der höchste Punkt ist der Berg Homert bei Gummersbach, 519 Meter über dem Meeresspiegel.

Wacholder

Wie sehr die Menschen des Bergischen Landes dem Wacholderschnaps zusprachen, lässt sich erahnen, wenn man weiß, dass im Jahr 1801 das Abhauen von Wacholdersträuchern polizeilich verboten wurde. Bei Zuwiderhandlung waren 25 Reichstaler Strafe zu zahlen.

Importiert

Im Herbst 1893 starb ein Arbeiter der Solinger Papierfabrik Jagenberg an der Cholera. Er hatte aus Antwerpen eingeführte Schiffstaue zerkleinert, die als Rohmaterial zur Papierherstellung gebraucht wurden. Mit den Tauen war wohl die Cholera von Antwerpen nach Solingen importiert worden.

In einem Land vor unserer Zeit

Vor 500 Millionen Jahren war das Gebiet des heutigen Bergischen Landes von Meer bedeckt. Noch heute lassen sich nahe der Oberfläche die teilversteinerten Ablagerungen (mit zahlreichen Fossilien) leicht beobachten und teils problemlos bergen.

O-JA

Am 9. Januar 1952 beschlossen die Solinger Stadtverordneten die Einführung der O-Busse. Bereits ein halbes Jahr später verkehrten die ersten „Stangentaxis" zwischen dem Graf-Wilhelm-Platz und dem Hauptbahnhof.

O-NEIN

22 Jahre lang gab es eine O-Bus-Linie zwischen Gruiten und Mettmann. 1952 war Schluss. Die von der Bevölkerung liebevoll „Onkel Otto" genannten Oberleitungsbusse wurden durch Dieselfahrzeuge ersetzt.

Burger Brezeln

Die Brezelbäckerei entwickelte sich zum Ende des 18. Jahrhunderts zu einem Spezialgewerbe des kleinen Ortes Burg an der Wupper. Im Jahr 1840 gab es dort 30 Brezelbäcker.

Ohne Kanalisation

In einem an den Landrat Friedrich Albert Dönhoff gerichteten Schreiben vom 27. September 1897 heißt es über den Ort Gräfrath: „Eine Kanalisation besteht hier nicht. Die Fäkalien werden in sogenannten Düngergruben gesammelt und von den Interessenten als Dünger verwandt."

Uralt

Man fand auf Solinger Gebiet (Birkendahl/Aufderhöhe) Steinklingen aus dem frühgeschichtlichen Zeitalter vor rund 4.000 Jahren (zu sehen im Stadtarchiv).

Schöne, reiche, arme Fräuleins

Im Mittelalter herrschte das, was heute noch als Clan bekannt ist – eine rigorose Familienpolitik, die sich vor allem mit Fragen der Vermögensbildung und Macht beschäftigte. Hochzeiten wurden aus strategischen Gründen arrangiert, nicht der Liebe wegen. Junge Frauen, die für solche Zwecke „überflüssig" waren, weil das Familienvermögen nicht zu sehr gestückelt werden sollte, wurden in Klöster gegeben – zur lebenslangen, frommen „Aufbewahrung". Ein solches Kloster befindet sich u.a. in Gräfrath, seinerzeit namentlich Grevenrode (bei Solingen).

Sagenhaft

Eine vage Forschungsthese geht dem Gedanken nach, der sagenhafte Nibelungenschatz könnte im Bergischen verborgen sein und der Name des Flusses Dhünn entspräche dem Begriff „Duna", der im Zusammenhang mit der Sage meist der Donau zugeschrieben wird.

Fahrzeugkontrolle

In der Nacht vom 1. auf den 2. April 2018 führte die Verkehrspolizei in Bergneustadt Fahrzeugkontrollen durch. Als die Beamten eine junge Dame kontrollierten, hielt ein Pkw, aus dem ein Mann ausstieg, um der Kontrollierten beizustehen. Diese durfte die Fahrt fortsetzen. Der Herr, der sie glaubte, unterstützen zu müssen, hatte allerdings seinen Führerschein abzugeben. Ein Alkoholtest ergab einen Wert von 2,3 Promille.

1079

In einer Urkunde findet sich die Gebietsbezeichnung „de monte", was als Ursprung des Namens Berg (für das Bergische Land) angesehen wird. Zwar wird stets behauptet, „Berg" sei eben ein Eigenname und ließe sich als Gebietsbezeichnung nicht von Bergen (im geografischen Sinne) ableiten – aber nach dieser Deutung dann wohl doch. Vielleicht erschien das heute durch Rodung und intensive Landwirtschaft so „sanfte" Bergische Land mit seinen Urwäldern damals noch schroffer.

Waffeleisen

Ein Dokument aus dem Jahr 1756 weist die Unterschrift eines Johann Wilhelm Honsberg aus Remscheid aus, der als der älteste urkundlich nachweisbare Waffeleisenschmied gilt.

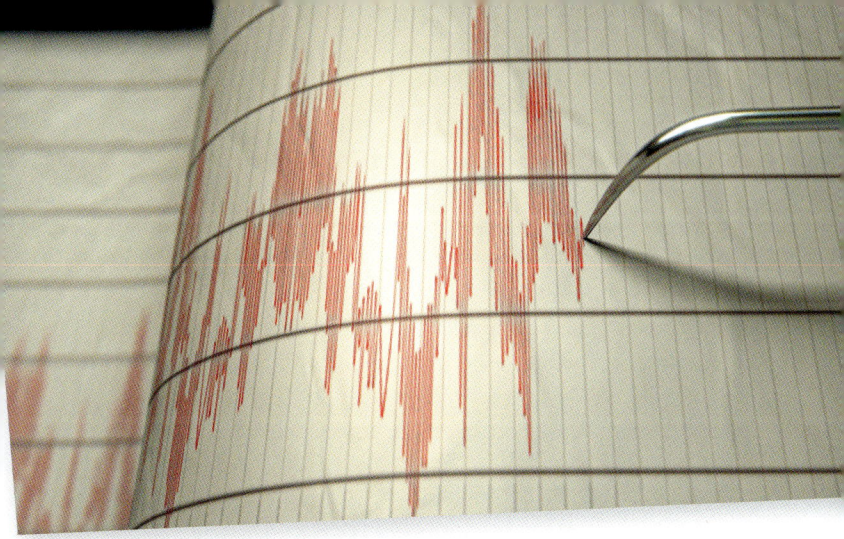

Erdbeben

Das Rheinland (genauer: die Rheinische Tiefebene, in etwa bei Siegburg/Bonn beginnend, sich nach Norden öffnend) ist zusammen mit der Eifel ein tektonisch noch immer sehr aktives Gebiet. Vulkane sind erst jüngst erloschen (in erdgeschichtlichen Dimensionen gesehen), Erdbeben sind nicht selten (wenn auch nur kleinere bislang). Das Kloster Altenberg mit seiner Vorgängerkirche des heutigen Doms wurde u.a. 1222 von einem solchen Beben teilweise zerstört.

In Stein gemeißelt

Der zweitälteste Kirchengründungsstein Deutschlands bezeugt die Errichtung einer Kirche auf dem Gebiet des heutigen Städtchens Haan (935 n. Chr.).

Nikolaus oder Hans Muff

Im Bergischen Land kam bis ins späte 19. Jahrhundert am 6. Dezember mancherorts nicht der Nikolaus, sondern ein mit Ketten rasselnder Teufel, „Hans Muff" oder im heutigen Oberbergischen Kreis „Pelznickel" genannt, der den Kindern mit Strafe drohte, sollten sie den Anordnungen Erwachsener nicht Folge leisten. Hier und da kam er auch in Begleitung des in bischöflichem Ornat auftretenden Sankt Nikolaus.

Gut gespielt

Zu den derzeit bekanntesten Schauspielerinnen aus dem Bergischen gehören Christine Urspruch (geb. in Lennep) und Veronika Ferres (Solingen).

Bergische Schwaben

Ab 800 n. Chr. kann man von einer dichter werdenden
Besiedlung des Bergischen Landes sprechen. Um diese Zeit
soll Kaiser Karl der Große schwäbische Klingenschmiede in die
Region um die Wupper umgesiedelt haben – und das sogar in
großer Zahl.

Solingen bürgt für Qualität

Die in Solingen angefertigten
Stahlwaren waren in Frankreich so
begehrt, dass die dortige Regierung
zum Ende des 18. Jahrhunderts in
Erwägung zog, Schmiede, Schleifer,
Härter und Reider aus der bergi-
schen Stadt an der Wupper in das
Nachbarland umzusiedeln.

Polnische Mütze

Polnische Mütze: Sollte es sich um eine für unser mittel-
europäisches Nachbarland typische Kopfbedeckung handeln?
Mitnichten. Bereits im Jahr 1731 wurde die Polnische Mütze
erwähnt, und zwar als Bezeichnung eines Gutshofes in Haan,
an der Grenze zu Gräfrath und Vohwinkel gelegen.

Fisch und Gänsefeder

Auf dem Friedhof zu Unterburg findet man auf einigen Grab-steinen Symbole, die sich auf die Namen der Verstorbenen beziehen. So ist auf dem des Bürgermeisters Johann Fischer (1707–1780) ein Fisch, auf dem des Friedrich Schreiber eine mit Gänsefeder schreibende Hand zu finden.

Fettmännchen

Der Bankier Wilh. Hack aus Köln gründete 1715 in Leichlingen Kupferhämmer. Dort wurde der bergische 1/4- und 1/2-Stüber („Fettmännchen") geschlagen; später wurden die Werke zu Ölmühlen umgebaut.

Bergische Kaffeetafel

Im ersten Jahrzehnt des 20. Jahrhunderts etablierten sich im gesamten Bergischen Land zahlreiche Gaststätten, die umfang-reiche Kaffeetafeln anboten. Die Bezeichnung „Bergische Kaffeetafel" scheint sich zu jener Zeit aber noch nicht ein-gebürgert zu haben. Erst nach dem Ende des Ersten Weltkriegs im Jahr 1918, als beinahe in allen Bevölkerungskreisen echter Kaffee, also Bohnenkaffee, konsumiert wurde, kam der Begriff „Bergische Kaffeetafel" auf.

Gesalzen

In und um Solingen war es bis Mitte des 19. Jahrhunderts üblich, an Heiligabend kurz vor Mitternacht eine große Zwiebel zu teilen und um genau null Uhr eine Hälfte mit einer Prise Salz zu bestreuen. Nach einer Stunde wurde nachgeschaut, welche Schichten das meiste Salz aufgenommen hatten. Diese wurden dann von außen nach innen abgezählt. Eine Bauernregel besagte, dass die salzhaltigsten Schichten angaben, in welchen Monaten des kommenden Jahres besonders viel Regen zu erwarten sei.

Nebenerwerb

Im heutigen Remscheider Stadtbezirk Lüttringhausen lebte Anfang des 19. Jahrhunderts ein Daniel Stursberg, von Beruf Landwirtschaftsgehilfe, der im Nebenerwerb als „Arzt für Vieh und arme Leute" auftrat.

Wie ausgeblasen

Der Gertrudentag (17. März) war früher der Tag, ab dem man im Bergischen Land Frühstück und Abendbrot ohne Lampenlicht einnahm. Überall galt die Regel: „Sint Gertrud blaost Lampen und Kerzen ut."

Blick in den Ofen

Noch bis Anfang des 19. Jahrhunderts stellten sich in manchen Dörfern um Gummersbach die Mädchen bei Anbruch eines neuen Jahres vor den Ofen, um im Schein des Feuers den Zukünftigen zu sehen.

Kartoffel

Als aufgrund wetterbedingter Missernten im Winter 1771 eine große Hungersnot das Herzogtum Berg überzog, griffen auch die letzten Skeptiker, die bislang die auf Getreide basierende Nahrung favorisierten, zur Kartoffel.

Eisenringe

Aus Altenberg ebenso wie aus dem heutigen Kreis Mettmann ist aus früheren Zeiten bekannt, dass aus Eisen, die zuvor Bestandteile von Särgen waren, Fingerringe geschmiedet wurden, die gegen die Gicht schützen sollten.

Langenberg

Der 1926 errichtete Sender Langenberg gehört zu den Pionieren des Deutschen Rundfunks. Einst war es der stärkste Mittelwellensender in Europa – dank seiner logistisch günstigen Lage im Herzen des Kontinents auch einer der bedeutendsten. Zum WDR gehörend, ist der Sender heute zentral wichtig für digitales TV und Hörfunk.

Biber

Dass das Bergische Land „wild" war, bezeugen zahlreiche Schilderungen. Aber auch Namen künden von einer Natur, wie sie heute nur noch selten vorkommt. So ist der Name des Baches und der Talsperre Bever zweifelsfrei mit dem Wort „Biber" in Verbindung zu bringen. Neuerdings wurde der Biber gesichtet – zumindest seine Beißarbeit; und das sogar nahe Schloss Burg.

Weit, weit weg

Zwischen Gummersbach und dem Südpol liegen
15.686,49 Kilometer Luftlinie.

Klingendes Eis

Willy Schneider, der lyrische Tenor aus Köln, begeisterte mit seinen von der Schallplatte gespielten Liedern, die als Untermalung
einer stündlich vorgeführten Wasserorgel erklangen, einst in
Altenberg Cafébesucher. Dazu gab es für die Kinder mächtige
Eisbecher mit Löffelstielen, auf denen die Märchenfiguren des
dazugehörigen Märchenparks dargestellt waren. Ein unübertreff-
liches Sonntagsvergnügen in den 1960er-Jahren.

Ohne Worte

In dem seit 1929 zu Solingen gehörenden Gräfrath und auch in
Waldbröl war es einst am Ostermorgen eine Selbstverständlich-
keit, nicht eher ein Wort über die Lippen zu bringen, bevor man
zum Brunnen am Markt gegangen war, sich dort das Gesicht
gewaschen und einen Schluck getrunken hatte.

Extrawurst

Im Südwesten von Kürten
liegt zwischen Calenberg
und Oberberg die Ortschaft
Jähhardt. Während die beiden
Erstgenannten Mitte des 19.
Jahrhunderts zum Kirchspiel Kürten gehörten, zählte Jähhardt, in
dem zwei Katholiken wohnten, zum Kirchspiel Dürscheid.

Vater und Sohn

Erbschaftsstreit in Familien – kein Problem der Neuzeit. 1404
hielt Graf Adolf von Berg seinen Vater Herzog Wilhelm II. jahre-
lang auf Schloss Burg gefangen. Der Sohn wollte „freie Hand"
haben. Bergischer Dickkopf!

Krankenanstalt für Handwerksgesellen

In Solingen wurde unter der Anschrift „Auf dem Kämpchen",
dem späteren Haus Florastraße 6–8, im Jahr 1836 eine Kranken-
anstalt für Handwerksgesellen gegründet. Handwerksgesellen,
die im Falle ihrer Erkrankung dort ärztlich behandelt und ver-
sorgt werden wollten, hatten vorab regelmäßig einen Geld-
betrag zu entrichten, eine Art Krankenversicherung.

Zünftig

Um 1400 schließen sich Härter, Schleifer, Schmiede und andere Handwerker zu Zünften zusammen.

Ganz schön faltig

Vor 400 Millionen Jahren erhob sich das Gebiet des Bergischen Landes allmählich zu einem faltigen Mittelgebirge.

Kaffee – ein Getränk für Eliten

Der bergische Landesherr Karl III. Philipp von der Pfalz erhob im Jahr 1742 eine Kaffeesteuer, die von jenen Konsumenten des exotischen Getränkes zu entrichten war, die nicht dem Adel angehörten oder als Beamte, Sekretäre oder Räte im Dienste des Regenten standen. Durch diesen Umstand blieb der Konsum echten Kaffees exklusiver Genuss der Oberschicht.

Sieben Gerichte

Im bergischen Amt Monheim gab es Mitte des 16. Jahrhunderts insgesamt sieben Gerichte, nämlich die Landgerichte der rechtsrheinisch gelegenen Gemeinden Himmelgeist, Hitdorf, Monheim, Richrath und Urdenbach sowie Sundersdorf und Langel links des Rheins.

Kneipenszene

Der 1876 geborene Schriftsteller Herbert Eulenberg schrieb über die Gastronomie von Schloss Burg an der Wupper: „Jedes dritte Haus in Burg ist heutzutage zu einer Wirtschaft geworden."

Zucht- und Betragensbücher

Im Jahr 1537 erschienen Zucht- und Betragensbücher, die sich speziell an Kinder richteten. Ihr Verfasser war kein Geringerer als der Humanist Erasmus von Rotterdam, einer der namhaftesten Gelehrten der damaligen Zeit und Mitautor der unter Herzog Wilhelm V. von Kleve, Jülich und Berg in Kraft getretenen Kirchenordnung.

Eiskalt

Um 28.000 v. Chr. war auch das Bergische Land unter einer
Eisschicht begraben, Gletscher mögen am Entstehen mancher
Täler (Wuppertal?) durchaus beteiligt gewesen sein.

Draußen bleiben!

Haan (postalisch früher korrekt:
Haan/Rhld.) war um ca. 2000 v.
Chr. bereits eine befestigte germa-
nische Siedlung; der Name leitet
sich wie der noch übrig gebliebene
andere Städtename von Hagen als
Bezeichnung für eine Einfriedung,
ein umzäuntes oder umhegtes
Grundstück ab.

Haus Safari

Was mag sich in einem Gebäude verbergen, das den Namen
„Haus Safari" führt? Das in Lindlar gelegene Haus wird als
„Museum der guten Laune" beworben. Tatsächlich handelt es
sich um ein Kuriositätenmuseum, das Alt und Jung Spaß und
Unterhaltung verspricht.

Milzbrand

In Wipperfürth wird am Haus in der Hochstraße 22 mit einer Gedenktafel, die folgende Aufschrift hat, des Arztes Dr. Aloys Pollender gedacht: „In diesem Hause entdeckte 1849 Dr. Aloys Pollender (1800–1879) den Milzbrandbazillus".

Mit der Welt verbunden

Solingen liegt ebenso wie Stonehenge, Tschernobyl und das kanadische Calgary auf 51° 10' nördliche Breite.

Usipeter und Tekterer

So heißen die germanischen Volksstämme, die um ca. 500 v.
Chr. an Wupper, Rhein und Sieg anzutreffen waren.

Nicht sehr charmant!

Wenn in Bergisch Glad-
bach die Tochter einer
Familie das Möhrenbeet
nicht bis zum Johannistag
gesäubert hatte, stellten
ihr die Jungen eine Stroh-
puppe auf das Grundstück.
Dadurch wurde dem Mädchen
zu verstehen gegeben, dass man
sie auf der nächsten Kirmes nicht
antreffen wollte.

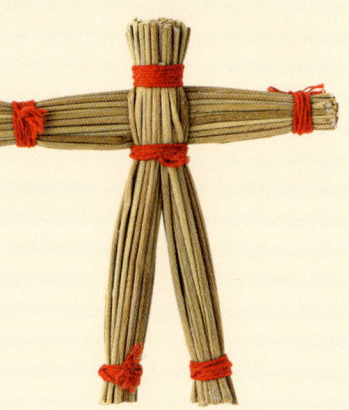

Völkerwanderungszeit

Um 375 n. Chr. ziehen vermutlich Sachsen und Franken durch
das Gebiet des damaligen Bergischen Landes. Es gibt Hinweise,
dass auch die Hunnen hier kurz Fuß fassten.

Christbaum oder Stechpalme

Der Christbaum in seiner heutigen Form ist im Bergischen Land erst seit etwa 1880 bekannt. Vorläufer waren Sträucher der Stechpalme (Ilex aquifolium) mit ihren roten Beeren.

Bierkonsum

Wie stark der Bierkonsum in der hiesigen Region während des 13. Jahrhunderts gewesen sein muss, lässt sich erahnen, wenn man bedenkt, dass der Kölner Erzbischof Engelbert von Berg das Bierbrauen im Jahr 1220 mit der Begründung verboten hatte, dass mit dem so eingesparten Getreide eine drohende Hungersnot abgewendet werden sollte.

Tausend Jahre

Über 1.000 Jahre alt ist Wald, heute ein Solinger Stadtteil, dessen Kirchengründung bis auf das Jahr 1019 zurückgeführt werden kann.

Lumbecken

Wenn man Bücher fadenlos mit Kaltleim bindet, nennen das die Fachleute Lumbecken. In Lennep geboren und in Wuppertal wirkend, hat dieses Verfahren Emil Lumbeck Anfang des 20. Jahrhunderts erfunden.

Reliquien

In der 1133 errichteten Kirche der Abtei Altenberg sollen sich, so heißt es in einer Schrift des um das Jahr 1180 bei Köln geborenen Zisterziensermönches Caesarius von Heisterbach, mehr als 1.000 Reliquien Heiliger befunden haben.

Jetzt wächst zusammen ...

Im April 1816 wurde aus den Bürgermeistereien Angermund, Benrath, Gerresheim, Hilden, Hubbelrath, Kaiserswerth, Mintard und Ratingen der Landkreis Düsseldorf gebildet, der vier Jahre später mit dem Stadtkreis Düsseldorf vereinigt wurde.

Barbaren

Der Römer Venantius Fortunas berichtet über Barbaren im Bergischen, die bis zur Bewusstlosigkeit um die Wette trinken. Wird wohl wahr sein …

Bunker für eine Person

In Opladen, Anfang 1975 nach Leverkusen eingemeindet, wurden während des Zweiten Weltkriegs Lastfahrzeuge und Schützenpanzerwagen der Wehrmacht repariert, weshalb die dortigen Werkstätten ein Ziel von Bombenangriffen waren. In Reaktion darauf wurde 1942 ein Bunker gebaut, ausgerichtet allerdings auf lediglich eine Person.

1101 n. Chr.

In diesem zahlensymbolischen Jahr erhält Adolf I. von Kaiser Heinrich IV. die Grafenwürde – damit ist das Bergische Land Grafschaft.

Grundgesetz

Das Grundgesetz der Bundesrepublik Deutschland wurde von vier Politikerinnen und 61 Politikern formuliert. Als eine der vier „Mütter des Grundgesetzes" gilt die 1881 in Wuppertal geborene Zentrums-/CDU-Politikerin Helene Weber.

Erfindungsreichtum

In der Industrie und Energieversorgung haben nahtlos gewalzte Rohre einen zentralen Stellenwert. Max Mannesmann erfand zusammen mit seinem Bruder Reinhard für deren Herstellung ein spezielles Walzverfahren in Remscheid; die Brüder stammten aus Lennep.

Erste Kranken- und Sterbekassen

Die ersten Kranken- und Sterbekassen des Bergischen Landes, die diesen Namen führten, kamen erst während des frühen 18. Jahrhunderts auf. Dokumente belegen, dass es eine solche Kasse, die sich durch Beiträge ihrer Mitglieder finanzierte, für Angehörige der Elberfelder Leinenweberzunft bereits im Jahr 1725 gab.

Im Kreis gefahren

Obwohl Remscheid offiziell eine kreisfreie Großstadt ist, sorgen Kreisverkehre, ob schon gebaut oder bislang nur geplant, regelmäßig für allerlei Aufregung.

Schürmanns Rechenbuch

Rechenkünste waren für Handwerker einst die unabdingbare Grundlage ihrer Berufe und des geschäftlichen Wohlergehens. Um dieses Wissen zu lehren, entwickelte Daniel Schürmann (geb. 1752) aus Remscheid ein Rechen- und Übungsbuch, das lange als Standardwerk galt („Schürmanns Rechenbuch").

Zitronen

Im 17. Jahrhundert war es im gesamten Bergischen Land üblich, den Leichenträgern Zitronen zu reichen, ein Brauch, der sich in Cronenberg und Barmen noch mindestens bis ins Jahr 1850 hielt.

Küchenabfälle

Bei Ausgrabungen, die im Jahr 1981 an jener Stelle durchgeführt wurden, an der sich einst die unter Graf Adolf II. im 12. Jahrhundert in Odenthal-Altenberg aufgegebene Stammburg der Herren von Berg befunden hatte, stieß man auf Küchenabfälle, zu denen Knochen von Schafen und Schweinen, von Wild und Geflügel zählten.

Macht und Reichtum

Die von der Heydts waren eine bekannte und einflussreiche Barmer Familie. Nach dem 1802 in Elberfeld geborenen Daniel von der Heydt ist ein bedeutendes Kunstmuseum in Wuppertal benannt. Seine Brüder waren August von der Heydt, Bankinhaber, Preußischer Handels- und Finanzminister, und Carl von der Heydt, ebenfalls Bankier und Bibelübersetzer.

Nationalversammlung

Zur konstituierenden Sitzung der Nationalversammlung fanden sich am 18. Mai 1848 im Kaisersaal des Frankfurter Römers 436 Abgeordnete zusammen. Zu diesen gehörte als Vertreter für Elberfeld und Barmen der Arzt Heinrich Carl Alexander Pagenstecher, der sich besonders Patienten aus den armen Bevölkerungsteilen annahm.

Troja

Dieser Ort griechischer Mythologie ist in der archäologischen Ausgrabungsgeschichte so etwas wie ein Entdecker-Urknall. Gefunden wurden die Ruinen vom im bergischen Wuppertal 1853 geborenen Forscher Wilhelm Dörpfeld, der die archäologischen Forschungsarbeiten gemeinsam mit Heinrich Schliemann leitete. Bergische Beharrlichkeit grub Schätze aus!

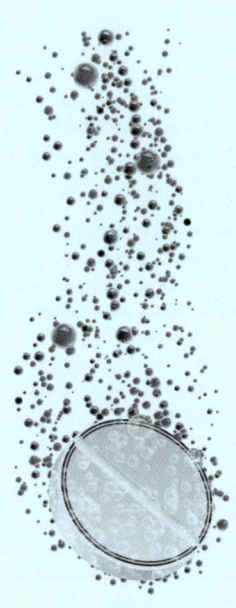

Kopfschmerzen

Aspirin ist der Name eines der bekanntesten und universellsten Heilmittel, die Pille gegen Kopf- und andere Schmerzen. Erstmals entdeckt wurde das Medikament zwar nicht in Barmen, doch die hier ansässigen Farbenfabriken vorm. Friedr. Bayer & Co. machten es unter dem Namen „Aspirin" weltberühmt. Der 1825 in Wuppertal geborene Friedrich Bayer hatte das spätere Chemie-Imperium gegründet, das schließlich ins nahe, aber am Rhein strategisch besser gelegene Leverkusen verlegt wurde.

Fastnacht

Spätestens seit der Mitte des 17. Jahrhunderts wurde in bergischen Gaststuben Fastnacht gefeiert, auch wenn die weltliche und kirchliche Herrschaft dies nicht gern sah. Im heutigen Oberbergischen Kreis ist der Fastnachtsbrauch seit mindestens 1656 bekannt, ließ doch in eben diesem Jahr der Klerus in der Bergneustadt, Gummersbach und Marienheide umfassenden Grafschaft Gimborn wissen: „Die Fastelabendreigen sollen gänzlich abgeschafft sein, der Wirt bei Strafe 2 Goldgulden, jedweder Fastelabendgast 1 Reichstaler zahlen."

Butterwelle

Als einstmals in der Bundesrepublik eine Überproduktion von Butter zu verzeichnen war, wurde der Begriff „Butterberg" kreiert. In Heiligenhaus gibt es eine Straße „An der Butterwelle".

Gesegnetes Brot

Wer im 18. Jahrhundert ein Brot verkaufte, das aus nicht gesegnetem Getreide gebacken worden war, hatte mit einer Strafe zu rechnen. So wurde im Jahr 1722 in einer Verhandlung des Burscheider Sendgerichtes, bestehend aus Geistlichen und Vertretern des Herzogs, festgelegt, dass für den Verkauf ohne vorherige Segnung als Strafe ein Pfund Wachs abzugeben sei.

Feste feiern

Der NRW-Tag 2008 fand vom 29. bis 31. August in Wuppertal statt.

Frühstück für Kinder

Das Frühstück, selbst kleiner Kinder, bestand ab dem 15. Jahrhundert selbstverständlich aus einer Biersuppe, im Niederbergischen Land „Scheimersbrock" genannt, was auf die Begriffe „Schember" für Dünnbier und „Brock" für Brot zurückgeht.

Dirigent

Der 1888 in Wuppertal geborene Dirigent Hans Knappertsbusch gilt als einer der führenden Köpfe der Wagner-Interpretationen.

Aberglaube

In Burscheid und Leichlingen schnitten in früheren Zeiten die Obstbauern am Anfang des Monats Dezember einen kleinen Zweig von einem ihrer Apfel- oder Pflaumenbäume, der in einen Krug gesteckt und vor den heimischen Ofen gestellt wurde. Trieb der Zweig bis zur Nacht des 24. auf den 25. Dezember Blüten, so wurde dies als Hinweis auf ein ertragreiches Erntejahr gedeutet.

Wahlzahlen

Kommen Wahlen, kommt er: Jörg Schönenborn. Der Fernsehdirektor des Westdeutschen Rundfunks präsentiert und interpretiert in der ARD seit Langem die Zahlen an Wahlabenden. Schönenborn ist Solinger und erhielt 2019 die „Goldene Brezel".

Ältester Männerchor

In der im Osten Solingens gelegenen Hofschaft Meigen wurde im Jahr 1801 eine nur aus Männern bestehende Singgemeinschaft gegründet, die als die älteste in Deutschland gilt. Im Laufe der Zeit fusionierte der Männergesangverein mit anderen Solinger Chören.

Akkordeon

Das Schifferklavier ist im Bergischen ein beliebtes Instrument.
So gab und gibt es in zahlreichen Städten Akkordeonorchester.
Legendär sind das Mitte des vorigen Jahrhunderts unter Leitung
von Fräulein (sie legte Wert darauf!) Hanni Hartmann gegründete
und geleitete Solinger Akkordeonorchester sowie der Virtuose des
Schifferklaviers, Will Glahé, der in Wuppertal geboren wurde.

Ende im Gelände

Die Gummersbacher Kleinbahn wurde 1953 stillgelegt.

Sie liebt mich, er liebt mich nicht

In Elberfeld gab es unter den Heranwachsenden früher den beliebten Brauch, am Johannistag (24. Juni) zwei Exemplare der zu den Dickblattgewächsen zählenden Purpurfetthenne nebeneinander zu pflanzen. Die Pflanzen erhielten die Namen eines Mädchens und eines Jungen, von denen bekannt war, dass sie einander liebten. Ob sich die Pflanzen im weiteren Wachstum voneinander weg oder zueinander hin neigten, sollte Aufschluss über das zukünftige Verhältnis der Verliebten geben.

Millionär

Prof. Eckhard Freise, Deutschlands erster „Wer wird Millionär?"-Millionengewinner im Jahr 2000, war Lehrstuhlinhaber für mittelalterliche Geschichte an der Bergischen Universität Wuppertal.

Teures Geschenk

Im November 2018 wurde in Erkrath ein Sportwagen vom Hofe des Eigentümers gestohlen. Bevor dieser den Verlust der Polizei melden konnte, kam ihm sein Fahrzeug entgegen. Geistesgegenwärtig stellte sich der Mann auf die Straße und stoppte es. Er habe den Pkw geschenkt bekommen und eine Probefahrt unternommen, äußerte der Dieb gegenüber der Polizei. Einen Führerschein konnte er nicht vorweisen.

Dümmlinge vom Nordpol

Dümmling nennt man umgangssprachlich eine dümmliche Person. Dass ein Ortsteil von Gummerbach Dümmlinghausen heißt, soll wohl nicht darauf hindeuten, dass dort Menschen mit minderer Intelligenz leben. Dass manche Bewohner allerdings von sich behaupten, am Nordpol zu wohnen, verwundert allerdings schon. Tatsächlich trägt eine durch den Ort führende Straße diesen Namen.

Wer ist die Schönste im ganzen Land?

Am 1. Juni 1973 wurde Heidi Klum in Bergisch Gladbach geboren.

Gesellschaftsspiegel

In Elberfeld brachte der Buchhändler Julius Baedeker im Jahr 1845 eine Zeitschrift heraus, die den langen Namen „Gesellschaftsspiegel. Organ zur Vertretung der besitzlosen Volksklassen und zur Beleuchtung der gesellschaftlichen Zustände der Gegenwart" trug und den unteren Klassen eine Stimme verleihen sollte. Autoren waren u.a. der Philosoph Moses Hess und der Schriftsteller Georg Weerth, gelegentlich auch Karl Marx sowie Friedrich Engels.

Christoph Kramer

Ein spektakuläres WM-Debüt (2014, Brasilien) feierte der Solinger Fußballer Christoph Kramer. In der 17. Minute eingewechselt, ging er nach einem Zusammenstoß mit einem argentinischen Spieler bewusstlos zu Boden und war anschließend völlig desorientiert. Er musste ausgewechselt werden. Seiner Karriere als beliebter und erfolgreicher Spieler hat es nicht geschadet.

Eine Reise ins Eis

15.702,45 Kilometer Luftlinie trennen Solingen vom Südpol.

Nationalhymne

Dem 1772 in Witzhelden geborenen Komponisten Johann Wilhelm Wilms ist jenes Werk zu danken, das im 19. Jahrhundert zur niederländischen Nationalhymne erklärt wurde.

Lenneper Arbeiterverein

In der Ausgabe vom 19. August 1848 des „Lenneper Kreisblattes", das seit Anfang Juni 1830 besteht, wurde von der Existenz eines örtlichen Arbeitervereins berichtet: „Sonntag, den 20. August, abends 6 Uhr Arbeiterverein im Saal der Frau Witwe Mehler, um zahlreiches Erscheinen bittet das Comitee."

Ampelmännchen

In Hückeswagen zeigen die Ampelanlagen, die Fußgänger darauf hinweisen, ob man gehen darf oder warten muss, seit dem Sommer des Jahres 2010 jene Figuren, die aus der ehemaligen DDR vertraut sind. Wer die oberbergische Stadt besuchen will, hat weder Grenzkontrollen noch Stacheldraht zu befürchten.

Primaballerina

Pina Bausch revolutionierte das Ballett progressiv und im Sinne zeitgenössisch adäquater Ausdrucksformen, so könnte man ihren weltweiten Verdienst zusammenfassen, den sich die Tänzerin, Choreographin und Leiterin einer eigenen Compagnie erwarb. Sie war gebürtige Solingerin und wirkte mit weltweitem Ruhm in Wuppertal.

Umgezogen

Die Barmer Krankenkasse, nach dem heutigen Wuppertaler Stadtteil benannt, hat ihren Hauptsitz seit 2010 in Berlin.

Durchblick

Wilhelm Conrad Röntgen wurde 1845 im Bergischen Lennep (heute Stadtteil von Remscheid) geboren und entdeckte 1895 in Würzburg die nach ihm benannten, zur medizinischen Diagnose eingesetzten Strahlen und ihre technische Nutzung. Er ist übrigens der erste Nobelpreisträger für Physik.

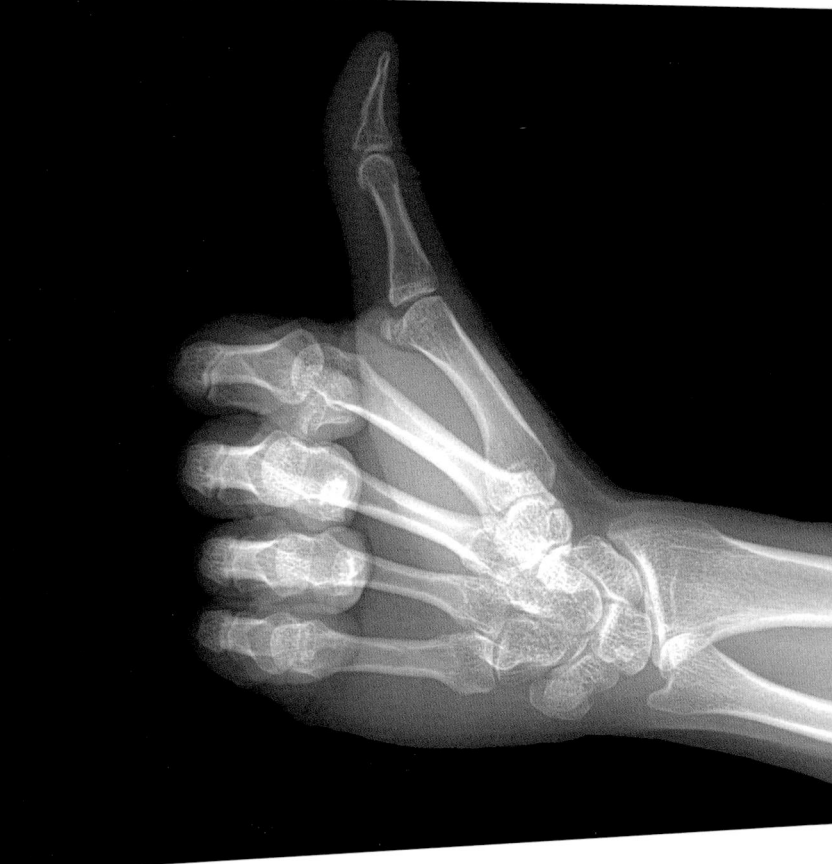

Hospitaliter

Graf Engelbert I. von Berg gewährte dem Hospitaliterorden um 1176 Asyl im inneren Bereich der Burg an der Wupper. Mit der Übergabe des Patronats über die Burgkapelle wertschätzte er die Verdienste des Ordens in den Bereichen Krankenpflege und Schutz der Pilger. Auf Burg gründete der Orden ein Hospital im Dienste der Allgemeinheit. Durch zahlreiche Urkunden ist das St.-Johannis-Hospital an der Burg bis 1271 belegt.

Gummersbach

Um 1800 war das Rheinland und damit auch das Bergische Land von französischen (napoleonischen) Truppen besetzt. Diese regelten die Verwaltungen, Zugehörigkeiten und Gemeindeangelegenheiten zum Teil rigoros neu. Orte und Mittelstädte wie beispielsweise Gummersbach sind solch willkürliche Verwaltungseinheiten, damals entstanden aus den Ortschaften Gummersbach, Bernberg und Rospe. So kamen manche heute bekannte (Orts-)Namen neu auf, andere verloren rapide an Bedeutung.

An die Wand gekleistert

Erfurt-Rauhfaser stammt vom Wuppertaler Weltmarktführer für Wandbeläge und Tapeten.

Amtsschimmel

Der sprichwörtliche Amtsschimmel wütet im Bergischen auf eine besondere Art und Weise – allerdings diesmal der eher hässlich-giftige Schimmel. Durch ein Hochwasser im Mai 2018 wurden im Versorgungsamt Wuppertal um die 160.000 Aktensätze von Schimmel befallen. Diese müssen mühsam gereinigt werden, die Bearbeitung der Anträge dauert länger.

Bergische Enklaven

Zu Zeiten der Grafschaften und Fürstentümer konzentrierte sich das Gebiet des Bergischen Landes auf das Rechtsrheinische. Linksrheinische Enklaven waren u.a. Wesseling bei Bonn, Rodenkirchen bei Köln, Wille bei Mülheim/Rhein und Kasselberg bei Worringen.

Seestadt auf dem Berge

Remscheid verdankt dieses schmückende Attribut der Tatsache, dass im Laufe des 18. Jahrhunderts (und später) die Hälfte der dort hergestellten Produkte nach Übersee verschifft wurde, vor allem Richtung USA. Der Handel wurde über Köln, Duisburg und/oder Amsterdam abgewickelt.

Erdbeben

In Bensberg, am südwestlichen Zipfel des Bergischen Landes, überwacht die Universität Köln die tektonischen Aktivitäten der rheinischen Tiefebene, einem erdbebengefährdeten Gebiet.

Vulkane

Vulkane sind nicht direkt im Bergischen Land zu finden, aber an seinem Rand. Der Kegel des Ölbergs im Siebengebirge (Königswinter) gehört dazu.

Papiermühle

1614 wurde im heutigen Bergisch Gladbach die Papiermühle Alte Dombach eröffnet, aus der später eine ansehnliche industrielle Papierfabrikation wurde, die unter dem Firmennamen Zanders überregionalen Ruf vor allem für Feinpapiere entwickelte.

Hoch hinaus

Die Müngstener Brücke ist die erste weltweit, die als Niet-brücke im freien Vorbau, also ohne stützende Gerüste, vor-getrieben wurde. Eine ingenieurtechnische Pionierleistung ersten Ranges. Mit 107 Metern Höhe ist sie noch heute die höchste Eisenbahnbrücke Deutschlands. Mit einer Gesamtlänge von 465 Metern überspannt sie das Tal der Wupper zwischen Remscheid und Solingen.

So beeindruckend, dass wir sie glatt noch mal zeigen.

Verwandtenmord

Nicht immer freundlich waren die Bergischen Regentschafts-
familien untereinander. Engelbert II., Graf von Berg, Reichs-
verweser und damit zweitmächtigster Mann im Deutschen
Reich hinter dem Kaiser, wurde auf dem Heimritt aus Altena
von seinem Vetter Friedrich von Isenburg und Spießgesellen
in einem Hohlweg gestellt und tödlich verletzt. Die deutsche
Politik nahm damit einen anderen Verlauf, als sie es vielleicht
sonst getan hätte.

Fischarten

Im Oberlauf der Wupper sind Bachforellen die „Leitfische" (also
am häufigsten vorkommend). Im mittleren Bereich sind es die
Äschen und vor der Mündung die Barben. Insgesamt besiedeln
über 30 Fischarten die Wupper, darunter Döbel, Nase, Schmer-
len, Elritzen und Koppen.

Hochwasser

Normalerweise ist der Pegelstand der Wupper mit „knietief" nicht falsch charakterisiert. Gleichwohl es flachere und manche tiefen Stellen gibt – vor allem vor Stauwehren – war und ist sie sie kein schiffbarer Fluss. Da sind Hochwasserstände von vier Metern, wie sie immer mal wieder vorkommen, wahre Sintfluten.

Bülsberg

1101 belehnte Kaiser Heinrich IV. den Grafen Adolf I. mit dem Titel des Gaugrafen. Dessen Burg namens Berg stand auf dem Bülsberg am Flussufer der Dhünn, östlich oberhalb des Klosters und Doms Altenberg in der heutigen Gemeinde Odenthal. Schon damals befand sich das Kloster also „im Schatten der Burg".

Preußen

Verwaltungstechnisch teilten die Preußen um 1815 das ehemalige selbstständige Gebiet des Herzogtums Berg in die Regierungsbezirke Köln und Düsseldorf. Seitdem reduziert sich das Bergische Land eher auf den Düsseldorfer Landesanteil.

Namensherkunft

Es wäre merkwürdig, wenn ein Bergland, wie es das zu Tausenden in Europa gibt, als einziges „Berg" heißen sollte. In Wirklichkeit leitet sich Berg aus einer komplexen Reihe von Lautverschiebungen der lateinischen Ursprungsvokabel „bructeri" ab, die einen germanischen Volksstamm bezeichnete, wiederum altgermanischen Ursprungs ist und auf Ackerbau (in Bruchlandschaften) hindeutet.

Bergisches Münsterland

Bis ins Münsterland reichte der Einfluss der Bergischen Gebietshoheit – zu Zeiten der napoleonischen Besetzung um 1800. Das Großherzogtum Berg war in Arrondissements eingeteilt, zu denen u.a. auch Dortmund, Hamm, Coesfeld, Münster sowie Lingen und im Süden Dillenburg sowie Siegen gehörten.

Flugplatz-Dichte

Von der Mitte des Bergischen Landes aus gemessen, liegen in einem Umkreis von ca. 100 Kilometern diese Airports: Frankfurt/M., Köln-Bonn, Düsseldorf, Mönchengladbach, Weeze, Dortmund, Siegen, Münster/Osnabrück und Kassel.

Bergische Luftfahrt

Der deutsche Luftfahrtpionier Oskar Erbslöh stammte aus Elberfeld. 1909 wurde ein Zeppelin nach ihm benannt. Man staune: Start des Jungfernfluges war in Leichlingen und das Flugobjekt flog in der Tat zwei Stunden über das Bergische. 1910 stürzte das Starrluftschiff bei Leverkusen ab, wobei leider alle Insassen den Tod fanden.

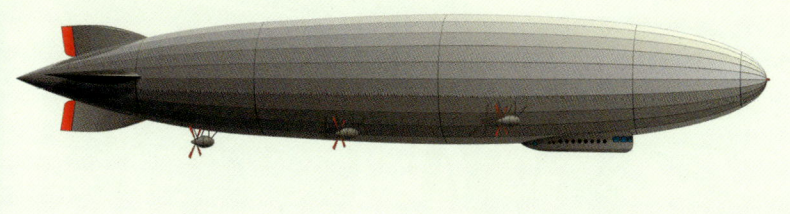

Prima Klima

Das Bergisches Land gilt als eher kühl und regenreich. Statistisch erreichen die Durchschnittstemperaturen knapp 18 Grad, winters sind es durchschnittlich minus 6 Grad, sommers bis zu 24 Grad. Die Niederschlagsmenge liegt bei 1.000 Millimeter pro Jahr, das entspricht 10 Liter pro Quadratmeter. Im statistischen Jahresdurchschnitt sind täglich 7,4 Sonnenstunden zu erwarten. Gefühlt wartet man aber viel länger auf Sonne …

Entschlussfreude

Das markanteste Verkehrsmittel des Bergischen, die Wuppertaler Schwebebahn, weltweit bekannt und als Kuriosität
geradezu verehrt, wurde in einer für den damaligen Bergischen
Unternehmergeist rekordverdächtigen Zeit geplant und gebaut:
Am 8. Februar 1887 beschloss man die Aufnahme einer Studie
für eine Talhochbahn, am 24. Oktober 1900 machte Kaiser Wilhelm II. nebst Gemahlin Augusta Victoria eine Probefahrt und
am 1. März 1901 begann der öffentliche Verkehr. Nur 14 Jahre
– man stelle sich das heute einmal vor!

Springendes Pferd

Das springende Pferd steht in der Flagge Nordrhein-Westfalens für Westfalen. Doch der bekannteste Springreiter der Bundesrepublik und erfolgreichster Olympionike Hans Günter Winkler (1926–2018) wurde im Bergischen Land geboren, im damals noch selbstständigen Barmen.

Wuppereisenbahn

Während im 19. Jahrhundert Eisenbahnstrecken oftmals an Flussufern errichtet worden waren, wurde das Vorhaben, eine Strecke von Opladen über Burg nach Vohwinkel zu bauen, nie ernsthaft weiterverfolgt. So begleiten heutige Bahngleise die Wupper nur auf einem kurzen Stück zwischen Wuppertal-Sonnborn und -Barmen. Die dort abzweigende Strecke entlang der Wupper über Radevormwald bis Krebsöge wird heute nur noch bedarfsweise befahren.

Feierlicher Auftakt

Am 4. September 1897 wurde die Kreiseisenbahn Engelskirchen-Marienheide feierlich ihrer Bestimmung übergeben.

Wupperkrebse

Sie heißen Amerikanische Signalkrebse und sind den einen Ärger, den anderen Delikatesse. Über den Rhein eingewanderte Exemplare haben sich in der Wupper stark vermehrt. Es gibt sogar Züchter und Verkaufsstellen, sodass sich Gourmets aus dem heimischen Fluss mit Edeldelikatessen versorgen können.

Steinreich

Laien gehen über den Erdboden, ohne seine Beschaffenheit zu differenzieren. Für Geologen ist das Bergische Land ein spannendes, weil vielgliedriges Gebiet mit Sand-, Schluff- und Tonsteinen. Kalk findet man um Wülfrath und Bergisch Gladbach, Richtung Westfalen sind auch Kohleflöze anzutreffen (teils bis zur Oberfläche). Das Siebengebirge weist vulkanisches Gestein auf.

Klares Votum

Exakt 61,59 Prozent der teilnehmenden Bürger sprachen sich 2019 im Rahmen einer Bürgerbefragung gegen den Bau einer Seilbahn in Wuppertal aus.

Wälder

Das Bergische Heimatlied beginnt mit den Worten: „Wo die Wälder noch rauschen …". Je nach persönlicher Sichtweise „nur" oder „immerhin" ziemlich genau ein Drittel der Fläche des Bergischen Landes ist mit Wäldern bedeckt (knapp 120.000 ha), davon 60 Prozent Laubwald, 40 Prozent Nadelwald. Eichen, Buchen und Fichten sind die vorherrschenden Baumarten.

Gut Ding will Weile haben

Der Bahnhof Ohligs-Wald hieß ab 1887 nur noch Ohligs, ab 1931 dann Solingen-Ohligs. Seit 2006 heißt er Hauptbahnhof Solingen.

Panoramaroute

Wer das Bergische Land mit dem Auto buchstäblich erfahren will, kann eine offizielle sogenannte Panoramaroute wählen. Ein Rundkurs von 290 Kilometern Länge, auf dem Orte liegen wie Bergisch Gladbach, Overath, Lindlar, Waldbröl, Denklingen, Gummersbach, Wipperfürth, Remscheid, Wermelskirchen und Burscheid.

Höhlen

Unterirdisch hat das Bergische Land auch etwas zu bieten: Die Zwergenhöhle Herrenstrunden bei Bergisch Gladbach ist ein Paradies für Fledermäuse. Bei Lindlar befindet sich ein verwunschenes Zwergenloch. Die Aggertalhöhle Ründeroth ist die längste Höhle im Rheinland (gut zu begehen, Führungen) und besonders für Kinder geeignet. Sehenswert ist auch die Tropfsteinhöhle Wiehl.

Talsperren

Regen hat etwas Gutes: Die Natur wächst, blüht und gedeiht und die Menschen haben genügend Wasser zum Trinken. Um das Wasser langfristig zu speichern, gibt es im Bergischen Land zahlreiche Talsperren: Wiehltalsperre, Aggertalsperre, Genkeltalsperre, Brucher Talsperre, Lingese-Talsperre, Kerspetalsperre, Schevelinger Talsperre (Silbertalsperre), Neyetalsperre, Bevertalsperre, Große Dhünn-Talsperre, Burscheider Talsperre. Hinzu kommen Trinkwassertalsperren wie die Eschbach- (Remscheid) und Sengbach-Talsperre (Solingen).

Leckerbissen

Kottenwurst ist eigentlich eine geräucherte Mettwurst, wie es sie überall in Deutschland gibt. Doch pikant-schmackhaft gewürzt und frisch geräuchert, gilt sie als wahrer Energieriegel, der inzwischen Kultstatus hat. Der Name deutet ihre Nützlichkeit und Verwendung an. Die traditionell damit hergestellte Kottenbutter geht original so: Zwei Scheiben Schwarzbrot (dunkles Vollkornbrot, nicht-süß) werden nicht zu knapp mit Butter bestrichen. Auf die eine Scheibe werden dicke Scheiben Kottenwurst gelegt, mit Senf bestrichen, darauf kommen rohe Zwiebelringe und zum Schluss die zweite Scheibe als Deckel.

Die ganze Affenbande

Exotisch geht es im Bergischen auch zu. Bei Reichshof gibt es einen Affen- und Vogelpark.

Arbeiten wie früher

Mit den beiden Museen Gesenkschmiede Hendrichs in Solingen
und Papiermühle Alte Dombach unterhält der Landesverband
Rheinland den Originalzustand alter und bedeutender Firmen,
um authentisch über die Industriegeschichte des Bergischen zu
berichten. Noch heute kann darin wie früher gearbeitet werden.

Bimmelbahn

In Gummersbach-Dieringhausen befindet sich ein Eisenbahn-
museum, das daran erinnert, mit welchem Getöse und mit
welch wackligem Gefährt die Bahnen einst durchs Bergische
dampften.

Poesie

Klingt nach Romantik, ist aber schon knallharte Fremdenver-
kehrswerbung: Mitte des vorigen Jahrhunderts wurde Burg an
der Wupper „die Perle des Bergischen Landes" genannt; Post-
stempel zeugen davon.

Vollgas

Der Film „Manta, Manta" aus dem Jahr 1991 mit Til Schweiger und Tina Ruland in den Hauptrollen wurde u.a. in Wuppertal gedreht.

Film ab

In Schloss Caspersbroich (Solingen-Ohligs) und Burg a.d. Wupper wurden Szenen für die Verfilmung des Märchens „Der gestiefelte Kater" gedreht, in Solingen-Gräfrath Szenen für „Morgens um sieben ist die Welt noch in Ordnung".

Tagesrast

Reisten die Grafen des Bergischen Landes von Burg a.d. Wupper nach Köln, konnten sie in Burg Hohenscheid Zwischenstation machen. Die Wege waren eben noch mühsam und lang.

Feste Tarife

Die Handwerker im Bergischen Land wurden einst nach festen Tarifen entlohnt. Es gab also keinen Stunden- oder gar Monatslohn, sondern gezahlt wurde nach abgelieferter Leistung und deren Qualität. Dazu gab es bis in die 1930er-Jahre Preisverzeichnisse, in denen alle hergestellten Werkzeuge oder Klingen usw. nach Art und Größe und die entsprechenden Vergütungen aufgelistet wurden, die zwischen Arbeitern und Fabrikanten ausgehandelt worden waren.

Adventisten

Die Freikirche der Siebenten-Tags-Adventisten wurde 1839 in den USA gegründet. In Deutschland trafen deren Missionare auf Menschen, die extrem ähnlich dachten – wo sonst, wenn nicht im Kernland religiöser Eigenständigkeit, im heutigen Wuppertal. Zwischen Vohwinkel und Kohlfurth lebten um 1850 Menschen, die sich den Adventisten anschlossen und diese Kirche so etablierten.

Gewerkschafts-grundlage

Die Feilenhauer in und um Remscheid waren die erste Berufsgruppe, die 1845 eine Organisation gründete, die als Vorläufer der sich dann rasch entwickelnden (Metallarbeiter-) Gewerkschaften gelten kann.

Ist ja 'n Hammer

Hämmer, also Werkstätten, in denen mithilfe der Kraft von Wasserrädern geschmiedet wurde, dürfte es an der Wupper und ihren zahlreichen Nebenflüssen vor rund 200 Jahren um die 1.500 bis 2.000 gegeben haben. Sie hatten sehr unterschied- liche Bestandszeiten und Bedeutungen.

Stattlich

Die Einwohnerzahl des Bergischen Landes – ohne Düsseldorf und Köln – liegt bei rund 1,2 Millionen Menschen.

Besser als nichts

Nullbrot heißt ein sehr schmackhaftes, helles bergisches Feinbrot.

Grobschlächtig

Man mag den Bergischen Menschen bisweilen als rau und „grobschlächtig" ansehen, wichtiger ist die Unterscheidung zwischen unterschlächtig und oberschlächtig. So differenziert man die Wasserräder an den Kotten, mit denen die Maschinen angetrieben wurden. Oberschlächtig meint, das Wasser läuft von oben in die Schaufelkästen, unterschlächtig, wenn das strömende Wasser die Wasserradpaddeln in Schwung bringt.

Bequem bergauf und bergab

1951 errichtete die Remscheider Fabrikantenfamilie Back-
haus einen Sessellift von Unter- nach Oberburg, der bis heute
in Betrieb ist und ständig den zeitgemäßen Anforderungen
angepasst wird. Es ist die erste Nachkriegs-Seilbahn in NRW, die
Fahrzeit beträgt nur wenige Minuten; besonders spektakulär ist
der Anblick bei der Talfahrt.

Kunst

Von regionaler Bedeutung für das Bergische Land ist das jährlich stattfindende Bergische Kunst- und Kulturfestival in Solingen, organisiert von Timm Kronenberg. Sein city-art-project ist die größte Bergische Galerie von Hobby- und Profikünstlern.

„Singendes, klingendes Bergisches Land"

Die Zahl der Gesangsvereine und Chöre im Bergischen ist unübersichtlich groß. Daher glaubt man oft, so sei der Beiname des „klingenden, singenden Bergischen Landes" entstanden. Wahrscheinlich stimmt das nicht und der Name geht auf die Schläge der Schmiede zurück, die einst durch die Täler hallten; Ambossschlagen wird akustisch wie ein Singsang gedeutet. Aber auch dieses Singen zeugte vom Bergischen Fleiß, und das war doch mindestens so erfreulich wie das Grölen aus voller Kehle.

Versandhandel

Zalando, Amazon, Alibaba – Online-Versandhändler gelten manchen als Killer des stationären Einzelhandels. Gerade von Solingen aus gingen schon Ende des 19. Jahrhunderts Waren in beträchtlichem Wert für Einzelbestellungen per Post in alle Welt. Mit Walbusch ist nicht zufällig einer der erfolgreichsten Versandhändler in der Klingenstadt beheimatet – das Unternehmen begann tatsächlich mit der Versendung der typischen Solinger Produkte.

Fachwerk oder Schiefer?

Man könnte darüber streiten, was das eigentlich Charakteristische an Bergischen Häusern ist: Die Fachwerke mit ihren schwarzen Balken, weißgetünchten Flächen und grünen Fensterläden und Türen – oder die schieferverkleideten Häuser (Platten aus dem nahen Rheinischen Schiefergebirge um Siegburg). Es ist ein Streit um des Kaisers Bart: Unter ihrem Schiefer-Wetterschutz sind diese alten Häuser – Fachwerkhäuser!

So nah und doch so fern

Remscheid ist 4.317,96 Kilometer vom Nordpol und 500,28 Kilometer von der Zugspitze entfernt.

Babylonisch

Das Bergische ist sprachgeilt. Von Benrath über Vohwinkel weiter in den Osten zieht sich eine Sprachgrenze, nördlich derer das Westfälische dominiert, südlich das Rheinländische, die sogenannte ick-ich-Linie oder offiziell: Benrather Linie. Die Dialekte der „Bergischen Drei" – Wuppertal, Remscheid, Solingen – sind dann auch deutlich hörbar unterschiedlich und einander richtig fremd.

Wein

Das Bergische ist kein Weinland – fast. Einzelne Wagemutige hüten immer mal wieder Reben, um ein seltenes Tröpfchen zu gewinnen. Jüngst hörte man erst wieder von einem Gräfrather, der sich um diese Kuriosität verdient gemacht hat. Und da man über Geschmack nicht streiten soll, schweigt hier des Chronisten Höflichkeit ob der Prämien-reife der Beerenausbeute.

Weltkulturerbe

Seit Jahren unternimmt man den Versuch, die Müngstener Brücke, Deutschlands höchste Eisenbahnbrücke, zusammen mit insgesamt sechs Brücken in Europa als UNESCO-Weltkulturerbe schützen zu lassen.

Ausblick

Den schönsten Ausblick sowohl auf die Rheinische Bucht wie auch das Bergische Land hat man von einem einmaligen Raum, dem Turmzimmer unter der Dachgaube im Remscheider Rathaus. Hier finden zuweilen besondere Sitzungen und Gespräche oder Empfänge statt. Für kleinere Hochzeitsgesellschaften ist es ein exquisites und exklusives Ambiente zugleich.

Exportschlager

Hitdorf am Rhein gilt als der „Bergische Hafen". Von hier aus wurden Werkzeuge und Waren vor allem aus den Städten Remscheid und Solingen den Rhein hinab verschifft, wo sie von Amsterdam aus dann meist den Weg in die Gebiete jenseits der Ozeane nahmen.

Plagiat

Die ersten Münzen des Bergischen Landes, von Engelbert I. (1160–1189) beauftragt, waren Nachbildungen der sogenannten Kölner Pfennige. In den folgenden Jahrhunderten wurden, wie damals üblich, viele Dutzend Münzsorten und Währungen geprägt, jeweils den stark wechselnden politischen und wirtschaftlichen Verhältnissen angepasst.

Zöppkesmarkt

Legendär, berühmt, einmalig, so lukrativ wie zu Beginn: Vor über 50 Jahren hatte man in der Klingenstadt Solingen die Idee, einen Straßentrödelmarkt einzurichten, dessen Erlöse in erster Linie sozialen Zwecken zugutekommen sollten. Die Idee ist jung geblieben, wird jährlich an drei Tagen Mitte September wiederholt und eine Miss Zöpfchen gewählt. Die muss lange Haare haben, was aber mit dem Namen des Marktes nichts zu tun hat, denn ein „Zöppken" ist im Solinger Dialekt die Bezeichnung für das universelle Allzweck-Küchenmesser.

Hoch hinaus

Wer Bergbahn fahren wollte, musste einst nicht in die Alpen reisen, sondern konnte im Bergischen sein Vergnügen finden. Vom Flusslauf der Wupper im Tal, im Zentrum Barmens, führte die erste elektrische Bergbahn Deutschlands hinauf auf die südlichen Höhen zum Toelleturm, einem beliebten Aussichts- und Ausflugsort. Auf 1,6 Kilometern wurden 170 Höhenmeter überwunden – immerhin eine Steigung von 18,5 Prozent.

Alpin

Das Bergische ist hügelig, bergig, aber nicht alpin, also nicht gebirgig. Dennoch gibt es in sehr bescheidenem Maße Ski- gebiete. Fünf davon hat ein Reiseportal ausgemacht und zählt immerhin 6 Lifte auf. Selbst Sprungschanzen gibt es.

Hängemeile

Über drei Kilometer hängt die Schwebebahn zwischen Vohwin- kel und Sonnborn direkt über der Straße. Und direkt darunter feierte Wuppertal einst das längste Straßentrödelfest Deutsch- lands. Wegen Schwierigkeiten bei den behördlichen Auflagen und Anforderungen findet es derzeit nicht mehr statt.

Echt schön oder echt fake?

Schloss Burg mit seinem authentischen Gebäude-Ensemble gilt vielen als Prototyp einer deutschen Burg. Alles Fake! Alles Disneyland. Das historische Schloss Burg sah nie so aus, wie wir es heute kennen. Außerdem ist der Name verwirrend, denn die Burg war nie ein wirkliches Schloss; diese nur der Repräsentation dienende Funktion wurde der ursprünglichen Wohn- und Wehrburg nur angedichtet.

Ober oder Nieder

Bisweilen wird ausdrücklich betont, es handele sich um das Niederbergische oder Oberbergische. Doch wo genau die Grenzen verlaufen, kann keiner sagen, da sie traditionell und schon gar nicht offiziell definiert sind. Als grober Anhaltspunkt: Niederbergisch ist alles „Richtung Düsseldorf" von den „Bergischen Drei" (Wuppertal, Solingen und Remscheid) aus gesehen; diese drei, Schloss Burg an der Wupper als Gründungszelle plus Hückeswagen und Wipperfürth (und „drumherum") können als Kern-Bergisch gelten. Weiträumig und mit vielen kleinen Orten um Gummersbach erstreckt sich das Oberbergische.

Süße Verführung

Bei der Bergischen Schafsnase handelt es sich um eine Apfelsorte.

Fieber

1861 wurde Carl Duisberg als Sohn eines Bandwirkers in Barmen geboren. Er studierte Chemie und wurde wissenschaftlicher Leiter der neu gegründeten Bayer-Werke. Seine späteren Erfindungen festigten die industrielle Vormachtstellung des Leverkusener Industriegiganten. Duisberg gilt als Prototyp des deutschen Industriellen, der erworbenes Vermögen in Kunst und Wissenschaft sowie politische Bildung reinvestiert.

A-llo-ooll...

Dem Alkohol ist, glaubt
man Liedern, Geschichten,
Erzählungen und eigenem
Beobachten, der Bergische
per se nicht unbedingt
abgeneigt – und das von
jeher. „Eine Kanne Fusel"
galt als Erfrischungs-
getränk im Kotten;
gesoffen wurden vor
allem Korn und Wachol-
der. „Bruchhauser"
ist eine Fabrikations-
marke, die solches
anbot. Darunter auch
der legendäre „DB",
im Volksmund „Driet-
lochsbitter" genannt,
eine Mischung aus
Korn und Kräuterlikör.
Berühmt-berüchtigt
und ständig berauscht
waren die Bergischen
auch durch ihre vielen
Beerenweine aus

vergorenem Obst (Johannisbeeren, Kirschen,
Stachelbeeren), nicht ähnlich den Apfelweinen: süß, süffig, in
dicken Humpen konsumierbar. Kam man an die frische Luft,
kam man nie (nie!) weit.

So'n Käse aber auch

Obwohl Milchviehhaltung im Bergischen schon lange Tradition und weitverbreitet ist, hat sich niemals ein „Bergischer Käse" entwickelt. Warum, weiß keiner.

Emanzipation

Alice Schwarzer, bekannte Feministin und Kämpferin für Frauenrechte, ist gebürtige Wuppertalerin. Ihre Aufsässigkeit darf als Bergischer Dickkopf gewertet werden. Dass die von Trude Unruh gegründete Partei Graue Panther, die Seniorenrechte verteidigte, ebenfalls in Wuppertal Anker und Sitz hatte, sollte nicht verwundern.

Rekord-Essen

Reibeplätzchen oder Kartoffelpuffer sind im Rheinischen und Bergischen eine fest verwurzelte Tradition. In den Arbeiterfamilien wurden Anfang des 20. Jahrhunderts nicht selten „Wettbewerbe" ausgetragen, wer die meisten davon verputzen konnte. Es gehen familiäre Sagen, dass 15 Reibeplätzchen untere Junioren-Einstiegsklasse waren und die wirklichen Meister erst bei 25 und mehr erschöpft zu literweise Fusel greifen mussten, um sich vor dem Tod durch Fettfülle zu bewahren.

Milchreserve

Als „Kuh des kleinen Mannes" bezeichnete man im Bergischen ein Tier, dessen Milch half, das magere Essen aufzuwerten: die Ziege.

Genossen

Keine SPD gäbe es vielleicht, wären da nicht Mitte des 19. Jahrhunderts Genossen aus Gräfrath gewesen. Die sicherten August Bebel beim Gründungskongress Wahlunterstützung zu. Manche Zeitgenossen behaupteten, dies wäre der endgültige Impuls gewesen, sich zur Wahl zu stellen.

Bergwerke im Bergischen

Das Ruhrgebiet ist unterbuddelt, auch im Bergischen findet man eine Reihe von Stollen. Hier wurde, wenig erfolgreich und vor allem nur sporadisch, nach Eisen, Blei und sogar Kohle gegraben. Letzte Reste der Bergwerksstollen sind kaum noch auszumachen; nur in Höhscheid (bei Solingen) gibt es noch ein bemerkenswertes Relikt. Doch erhalten haben sich für Sammler noch Cuxe, Anteilsscheine (wie Aktien) an Bergischen Bergwerken.

Open Air

Als Schloss Burg um 1920 wiederaufgebaut war, beging man vor Freude und zum Einsammeln von Geldern Freiluft-Festspiele am südlichen Berghang. Vor allem die Fackelzüge, bei denen Bürger die Burg „eroberten", gaben ein eindrucksvolles Bild, das auch in Gemälden festgehalten wurde. Open-Air-Veranstaltungen mit allem Spektakel sind auch noch heute in der Burg beliebt und längst Tradition.

OBI

Diese Baumarktkette gehört zu den größten und bekanntesten in Deutschland. Der Verwaltungssitz liegt mitten im Bergischen, in Wermelskirchen.

Blütenstadt und Obstkammer

Einer kleinräumigen geo-
graphischen Klima-Anomalie verdankt der Ort Leichlingen seinen
Ruf als Blütenstadt und Obst-
kammer des Bergischen Landes.
Seine Lage im südöstlichen
Winkel der Rheinischen Bucht
beschert ihm besonders „laue
Lüftchen" und wegen des Regens
ideale Wachsbedingungen nicht
nur für Obstbäume.

Kurorte

Das Bergische ist Erholungsgebiet. Im Grunde genommen ist
das gesamte (vor allem Ober-)Bergische Land Kurort, wenn es
auch keine direkten „Staatsbäder" gibt. Heiße Quellen findet
man nicht, hier ist „Luftkur" angesagt (also vor allem Wandern,
Radfahren). Anfang des 19. Jahrhunderts war jedoch Gräfrath
de facto ein Kurort, weil der über die Landesgrenzen hinaus
berühmte Augenarzt de Leuw hier wohnte und praktizierte.
Die Menschen kamen zur Behandlung von weit angereist und
blieben oft mehrere Wochen.

Kein Bergisches Gefühl

Lokale Heilige, Schutzpatrone, Gedenk- und Verehrungs-
tage werden aus Tradition in vielen Landschaften und Orten
Deutschlands gefeiert. Weder gibt es im Bergischen Ortschaften
mit Festen dieser Art, die überörtlich von Bedeutung wären,
noch gedenkt man kollektiv und imageprägend irgendetwas
Bergischem. Das Henne-Ei-Problem, was zuerst da war: Die
Nichtidentität mit dem Bergischen und damit auch fehlende
Gedenktage – oder eben umgekehrt.

Alt, älter, Wipperfürth

Wipperfürth gilt als die älteste Stadt, die von Regenten der Grafschaft Berg gegründet wurde. Die Gründungsurkunde stammt aus dem Jahr 1222, unterzeichnet von Graf Adolf III. Zu den Privilegien gehörte u.a. eine Münzstätte.

Schwebefähre Müngsten

Wer im Brückenpark Müngsten die Wupper überqueren will, muss Muskelkraft einsetzen. Mit einer Art Wippe wird eine auf Seilen getragene Schwebefähre angetrieben. Auf diese Art und Weise kann man zwei beliebte Wander- und Fahrradwege verbinden.

Pferdefleisch

Gestüte oder eine Pferde-„Kultur" sucht man im Bergischen vergebens. Doch in Metzgereien trifft man sie an, die Pferde. Pferdefleisch gilt als das Fleisch der armen Leute; so war das früher. Die Arbeitstiere wurden auch nach ihrem Lebensende noch nützlich verwendet, ganz nach dem Motto: Man lässt nichts verkommen, gegessen wird, was vorhanden ist. Der legendäre Solinger Pferdemetzger Hermann Wieden bot um 1910 in der Tageszeitung „extra fettes Fohlenfleisch von herrschaftlichen Pferden" an. Der Pferdesauerbraten gilt als ein typisches Gericht des Bergischen Landes.

Bergische Löwen

Der Name ist logisch, denn schließlich ist der (brabantische, doppelschwänzige) Löwe das Wappentier des Bergischen Landes. Das Bergische Land ist ein traditionell leistungsstarkes Handball-Land. Um 2005 fusionierten ein Wuppertaler und Solinger Verein, um zusammen bundesligareif spielen zu können, und gaben sich den kampfstarken Namen. „Bergi" nennen sie ihr Maskottchen. Auch eine Basketballspielgemeinschaft aus dem Raum Bensberg ist nach dem Wappentier benannt.

Spar- und Bauverein

Wien und Solingen verbindet – das Wohnungswesen. Wie in der österreichischen Hauptstadt sind auch in Solingen seit dem 19. Jahrhundert Spar- und Bauvereine üblich. Vor allem Arbeiter zahlten Geld in eine Genossenschaftskasse, um dann das Mietwohnrecht in den von der Genossenschaft gebauten Häuser zu erwerben. Diese Genossenschaftsform gilt noch heute als Vorbild für sozialen Wohnungsbau auf hohem Niveau.

Frau unter Männern

Als willensstarke Künstlerin, die in der Männerwelt ihren Platz behauptet – so sah sich Bettina Heinen-Ayech nach eigenem Bekunden. 1937 in Solingen geboren, Tochter des langjährigen Chefredakteurs des „Solinger Tageblattes", studierte sie beim Solinger Künstler Erwin Bowien Malerei, später in Paris, heiratete einen Algerier und wohnte überwiegend in Algerien. Sie war eine der expressionistischen Malerinnen der Gegenwart.

Langsam genießen

Die Burger Brezel wurde 2010 in die Deutsche Slow Food Arche des Geschmacks aufgenommen.

Fürstentum

Bergische sind selbstbewusst. „Fürstentum Merscheid" nennt sich gerne ein Sub-Stadtteil, eine Ortschaft innerhalb der Stadt. Früher war Merscheid Stadt und Ohligs ein Teil davon. Als der Ohligser Bahnhof an Bedeutung gewann, übernahm Ohligs die Führungsrolle. Die Bezeichnung Fürstentum entstand auf kuriose Weise: Einst arbeitete dort ein Fabrikant, der sich „Scherenfürst" nannte. Er schrieb eine Postkarte an sich selbst – mit der Adressbezeichnung „Scherenfürst". Die Karte kam an. Aus dieser Gaudi leitete man nun die neue „Staatsform" ab. Bergische sind eitel, o ja.

Die Uhren gehen anders

Im Funkturm des nieder-bergischen Düsseldorfs – neben dem Landtag, am Medienhafen gelegen – sind an der nörd-lichen Seite Lichter senkrecht im Turm eingelassen, die auf digitale Art und Weise die Uhrzeit anzeigen. Eigentlich nach einem simplen Prinzip, doch man muss es erst einmal kennen, weshalb die raffinierte Funktion kaum Beachtung findet.

Wallfahrt

Wer pilgern bzw. eine Wallfahrt unternehmen will, für den ist unter Umständen der Nevigeser Wallfahrtsdom am Rande des Niederbergischen ein sinnvolles Ziel. Die Kirche selbst gehört zu den außergewöhnlichsten Baukörpern weit und breit, entworfen vom berühmten Architekt Gottfried Böhm.

Heimarbeitsgesetz

Um die Benachteiligung der „Scheinselbstständigen" (wie es heute offiziell im Steuerrecht heißt) auszuschließen, hat der Reichstag 1923 ein spezielles Gesetz erlassen, dass in der Bundesrepublik weitergeführt wurde. Es kam unter dem maßgeblichen Druck der Bergischen Industrie zustande. Heimarbeit, oder auch Hausindustrie genannt, ist ab dem 14. Jahrhundert bekannt und üblich.

In Abendgarderobe schwimmen?

Auswärtige mögen irritiert sein: Wagners Opern in Badehose hören oder mit Smoking schwimmen gehen? Das kann in Wuppertal tatsächlich vorkommen, denn dort steht die „Schwimmoper", so der offizielle Name. Es sei verraten: Es handelt sich um ein Schwimmbad.

Bergisch pur

Öko ist in, Nahversorgung gilt als schick, Bio ist Trend. Um auch das Bergische Land als wertvolle Nahrungsressource bewusst zu machen, wurden etliche Marketingvereinigungen gegründet. Sie betreiben erfolgreich Imagepflege und machen vor allem handwerklich und individuell hergestellte Lebensmittel bekannt; eine unter den Aktivitäten nennt sich, nomen est omen, „bergisch pur".

Teure Bohnen

Wegen der hohen Kaffeepreise nannte man im Bergischen Land Handkaffeemühlen früher auch „Bankerötter". Verbrauchte man nämlich zu viele der kostbaren Bohnen, war man schnell bankrott.

Vergleichbar

Die Klingenstadt Solingen ist wegen ihrer Bestecke und Messer
weltberühmt und weltbekannt. Doch wenn Solinger noch ein
wenig stolzer auf ihre Stadt sein wollen, können sie diese mit
Rom und New York vergleichen. Rom ist auf sieben Hügeln
gebaut. Solingen auch. New York hat die Telefonvorwahl 0212.
Solingen auch.

Straßenfeger

Lennep war im Jahr 1961 einer der Drehorte für Außenauf-
nahmen der legendären Durbridge-Verfilmung „Das Halstuch".
Da ein Dreh in England zu kostspielig gewesen wäre, wurde
aus dem beschaulichen Lennep der kleine Ort Littleshaw in
der Nähe von London. Die Einschaltquote lag bei der Erstaus-
strahlung im Januar 1962 bei aus heutiger Sicht unglaublichen
89 Prozent.

In die Röhre geschaut

Die beiden Röhren des Burgholztunnels in Wuppertal sind
1.865 bzw. 1.787 Meter lang.

Von oben herab

Köln ist nicht Bergisches Land, obwohl es geschichtlich immer der Zuchtmeister Bergischer Regenten war. Vielleicht auch deswegen sind im Bergischen Aussichtspunkte beliebt, von denen aus man weit in die Rheinebene sehen und den Dom als Winzling entdecken kann, so in Odenthal oder Krämersheide, in Solingen-Widdert oder Breite bei Bergisch Gladbach.

Namenspatron

Bergische Menschen sind nicht weltbekannt? Vielleicht sind sie sogar die berühmtesten in der ganzen Welt! Denn das namensgebende Neandertal, erster wissenschaftlich gedeuteter und systematisch sondierter Fundort eines Frühmenschen, liegt mitten im Niederbergischen. Bergischer als der urzeitliche Neandertaler kann also damals niemand gewesen sein.

Windhose

Wirbelstürme werden heute oft auf die globale Erwärmung zurückgeführt, im Bergischen lassen sich verheerende Unwetter aber auch in der Vergangenheit finden. 1906 zerstörte eine Windhose etliche Häuser der Hofschaft Dorp bei Solingen.

Steilrampe

Auch Züge können Seilbahn fahren. Zwischen den niederbergischen Bahnhöfen Erkrath und Hochdahl bewältigen die Zugschienen auf 2,5 Kilometern 82 Höhenmeter, eine für Eisenbahnen enorme Steigung von 33,3 Promille. Die bergfahrenden Züge wurden mit einem Seil an einer Winde hilfsweise hochgezogen. Später halfen Lokomotiven schiebend nach.

Treuer Hund

Bei Rüdenstein steht auf einer der dort felsig-steilen Klippen ein Denkmal, das einem Rüden gewidmet ist (daher der Ortsname). Es geht zurück auf die Legende, dass dieser Hund bis nach Schloss Burg lief und dort so lange bellte, bis Rettung kam. Sein Herr, ein Ritter, war samt Pferd von dieser Wupperbergklippe gestürzt und lag hilflos im Morast; dank der Treue des Hundes wurde er gerettet.

Kleinster Verkehrsbetrieb Deutschlands

Sie sind ein „richtiger", lizensierter Verkehrsbetrieb, fahren nach Fahrplan, nehmen gerne Spenden an und alle „Beschäftigten" sind Ehrenamtler. In Kohlfurth an der Wupper zwischen Wuppertal und Remscheid befindet sich das Depot des Bergischen Straßenbahnmuseums, das alte Fahrzeuge vor allem der Region präsentiert und fährt. Die Strecke ist 3,2 Kilometer lang und meterspurig und hat sieben Haltestellen. Einst hatte Wuppertal mit ca. 300 Kilometern das viertlängste Straßenbahnnetz Deutschlands.

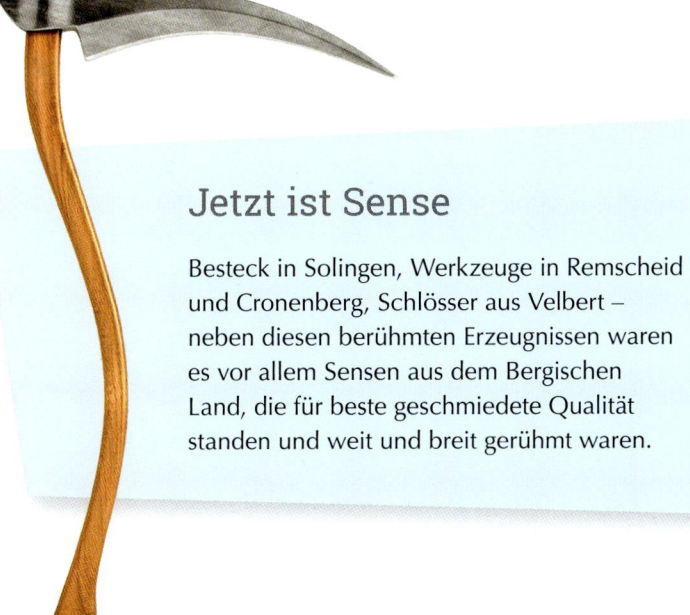

Jetzt ist Sense

Besteck in Solingen, Werkzeuge in Remscheid und Cronenberg, Schlösser aus Velbert – neben diesen berühmten Erzeugnissen waren es vor allem Sensen aus dem Bergischen Land, die für beste geschmiedete Qualität standen und weit und breit gerühmt waren.

Wer gehört nun wirklich zum Bergischen?

Schlussendlich soll aufgeklärt werden, aus welchen politischen bzw. Verwaltungseinheiten das Bergische besteht. Gemäß Dokumentation im Internet dürfen sich diese Orte dazu zählen: Bad Honnef, Bergisch Gladbach, Bergneustadt, Burscheid, Eitorf, Engelskirchen, Erkrath, Gummersbach, Haan,  Heiligenhaus, Hennef, Hilden, Hückeswagen, Kürten, Langenfeld (Rheinland), Leichlingen (Rheinland), Leverkusen, Lindlar, Lohmar, Marienheide, Mettmann, Monheim, Morsbach, Much, Neunkirchen-Seelscheid, Niederkassel, Nümbrecht, Odenthal, Overath, Ratingen, Radevormwald, Reichshof, Remscheid, Rösrath, Ruppichteroth, Sankt Augustin, Siegburg, Solingen, Troisdorf, Velbert, Waldbröl, Wermelskirchen, Wiehl, Windeck, Wipperfürth, Wülfrath und Wuppertal. – Ob sich auch alle „bergisch" fühlen und selbst deuten? Wer weiß?

Bildnachweis

Einband vorne: By Frank Vincentz - Own work, CC BY-SA 3.0, https://commons.wikimedia.org/w/index.php?curid=39667226; S. 6/7: Shutterstock/travelpeter; S. 9: By Frank Vincentz - Own work, CC BY-SA 3.0, https://commons.wikimedia.org/w/index.php?curid=39667226; S. 11: Shutterstock/spr; S. 13: Shutterstock/FocusStocker; S. 14: By Unknown author - Zentralblatt der Bauverwaltung, 25. Jg., Nr. 3, S. 15, Public Domain, https://commons.wikimedia.org/w/index.php?curid=699884; S. 15: Shutterstock/Michelle Lee Photography; S. 18: Shutterstock/Bika Ambon; S. 19: Shutterstock/ShutterOK; S. 20: Shutterstock/nasidastudio; S. 22: Von Atamari, CC BY-SA 3.0, https://commons.wikimedia.org/w/index.php?curid=3999010; S. 24: Shutterstock/MaraZe; S. 25: Shutterstock/Image Devices Stock; S. 26: Shutterstock/HQ3DMOD; S. 28: Shutterstock/Gennadii Zakharov; S. 29: Shutterstock/blackboard1965; S. 30: Shutterstock/Svetocheck; S. 31: Shutterstock/Eugene Onischenko; S. 32/33: Shutterstock/Bernhard Klar; S. 34: Shutterstock/Mega Pixel; S. 37: Shutterstock/Valentina Razumova; S. 39: Von Michael Tettinger, Solingen - fotografiert am 16. April 2005, CC BY-SA 3.0, https://de.wikipedia.org/w/index.php?curid=713550; S. 41: Shutterstock/jg2000; S. 42: Shutterstock/bonchan; S. 43: Shutterstock/Inked Pixels; S. 44: Shutterstock/Chinnapong; S. 45: Shutterstock/Svetocheck; S. 47: Shutterstock/bergamont; S. 49: Shutterstock/Dmitriy Gutkovskiy; S. 50/51: Shutterstock/MisterMoeP; S. 52: Shutterstock/Jody Ann; S. 54: Shutterstock/Svetocheck; S. 55: Shutterstock/Cat Act Art; S. 57: Shutterstock/Svetocheck; S. 58: Olaf Link; S. 59: Studio DMM Photography, Designs & Art; S. 60: Shutterstock/nnattalli; S. 61: Von TextPartner - Eigenes Werk, CC BY-SA 3.0, https://commons.wikimedia.org/w/index.php?curid=27336207; S. 62: Shutterstock/Ilyarexi; S. 64: Shutterstock/CHIARI VFX; S. 65: Shutterstock/Kaesler Media.jpg; S. 66: Shutterstock/Pineapple studio; S. 68: Shutterstock/YummyBuum; S. 69: Shutterstock/multiart; S. 70 oben: Shutterstock/Svetocheck; S. 70 unten: Shutterstock/Jirsak; S. 72: Shutterstock/sbarabu; S. 73: Pixabay/manfredrichter; S. 76: Pixabay/BRRT; S. 77: Shutterstock/Astrid Lenz; S. 78: Shutterstock/tango one; S. 80: Shutterstock/Bildagentur Zoonar GmbH; S. 81: Shutterstock/Tudoran Andrei; S. 82: Shutterstock/Dotted Yeti; S. 83: Shutterstock/ON-Photography Germany; S. 84/85: Shutterstock/Tobias Arhelger; S. 86: Shutterstock/Eric Isselee; S. 87: Shutterstock/tale; S. 89 oben: Shutterstock/Weenee; S. 89 unten: Shutterstock/AVIcon; S. 90/91: Shutterstock/ON-Photography Germany; S. 92: Shutterstock/Lickomicko; S. 93: Shutterstock/Alexlukin; S. 94 oben: Shutterstock/Martial Red; S. 94 unten: Shutterstock/Bildagentur Zoonar GmbH.jpg; S. 96/97: Shutterstock/Jan Schneckenhaus; S. 98: Shutterstock/mariait; S. 100: Shutterstock/Flas100; S. 102: Von Anonym - Hausbuch der Mendelschen Zwölfbrüderstiftung, Band 1. Nürnberg 1426–1549. Stadtbibliothek Nürnberg, Amb. 317.2°, via http://www.nuernberger-hausbuecher.de/, Gemeinfrei, https://commons.wikimedia.org/w/index.php?curid=13188779; S. 103: Shutterstock/ALEX S; S. 104/105: Shutterstock/Tobias Arhelger; S. 106: Shutterstock/Africa Studio; S. 107: Shutterstock/Freedomz; S. 108: Shutterstock/Jo Gerken; S. 109: Shutterstock/somchaij; S. 110: Shutterstock/juergenhu; S. 111: Shutterstock/koya979; S. 112: Shutterstock/Africa Studio; S. 113: Shutterstock/Mikael Damkier; S. 114/115: Shutterstock/Borisb17; S. 117: Shutterstock/Shawn Hempel; S. 118: Shutterstock/Nitr; S. 119: Shutterstock/Africa Studio; S. 120: Shutterstock/Linas T; S. 122: Shutterstock/Svetocheck; S. 123: Shutterstock/Tsekhmister; S. 124: By Хрюша - Own work, CC BY-SA 3.0, https://commons.wikimedia.org/w/index.php?curid=7085824; S. 125: Von Stefan Josef Bittl - Diese Datei ist ein Ausschnitt aus einer anderen Datei: Wappen Pleystein.svg, CC BY-SA 3.0 de, https://commons.wikimedia.org/w/index.php?curid=21258246; S. 127: Von Pitlane02 - Eigenes Werk, CC BY-SA 3.0, https://commons.wikimedia.org/w/index.php?curid=17321762; S. 128/129: Shutterstock/John-Fs-Pic; S. 130: Shutterstock/Corri Seizinger; S. 131: Shutterstock/lovelyday12; S. 132: Shutterstock/sg.photogram; S. 133: Shutterstock/Digital Storm; S. 134/135: Shutterstock/Justin Hobson; S. 136: Von Frank Vincentz - Eigenes Werk, CC BY-SA 3.0, https://commons.wikimedia.org/w/index.php?curid=4956325; S. 137: Shutterstock/koya979; S. 138: Shutterstock/bellenixe.

Impressum

Sutton Verlag GmbH
Arnstädter Straße 8
99096 Erfurt
www.suttonverlag.de
Copyright © Sutton Verlag, 2020
ISBN: 978-3-96303-186-1
Druck: Florjančič Tisk d.o.o. / Slowenien
Gestaltung und Herstellung: Sutton Verlag

In diesem Buch wird aus Gründen der besseren Lesbarkeit das generische Maskulinum verwendet. Weibliche und anderweitige Geschlechteridentitäten werden dabei ausdrücklich mitgemeint, soweit es für die Aussage erforderlich ist.

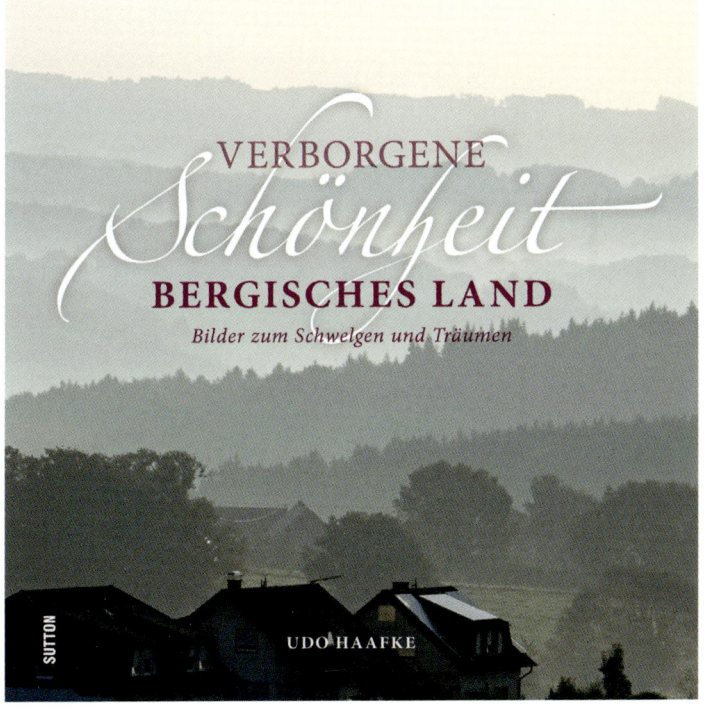

Udo Haafke
Verborgene Schönheit Bergisches Land
978-3-96303-057-4 | 19,99 €

Thomas Bernhardt
Düsseldorf

55 Highlights aus
der **Geschichte**

Menschen, Orte und Ereignisse,
die unsere Stadt bis heute prägen

SUTTON HEIMAT

Thomas Bernhardt
Düsseldorf. 55 Highlights aus der Geschichte
978-3-96303-110-6 | 19,99 €